SUMÁRIO

INTRODUÇÃO

O conteúdo deste trabalho criativo, que não representa ação política de qualquer partido específico, mas uma mera tentativa de tornar pragmáticas noções muitas vezes abstratas, pode ser compreendido em três direções:

a) **Fim do capitalismo:** na forma da socialização dos meios de produção a partir do cooperativismo. A proibição de que qualquer empreendedor tenha funcionários leva à superação do capitalismo e ao fim da a mais-valia. Sozinhos ou em cooperativas, os trabalhadores não serão explorados e poderão atuar em liberdade assistida, produzindo e trocando bens e serviços com liberdade. Sob o olhar atento do Estado, que intervirá sempre que houver desequilíbrios em desfavor da população. É, talvez, um esforço dialético entre o cooperativismo socialista de livre-mercado e o estatismo pesado. Palavra-chave: justiça.

b) **Garantia de direitos e proteção do indivíduo:** a partir do reforço do artigo 5º, mantido inalterado em sua numeração, objetivando ampliar os direitos e evitar abusos, inclusive neste momento de descobertas genéticas e computacionais com limites incertos. Palavra-chave: direitos humanos.

c) **Construção de um novo modelo político:** independente do socialismo, voltado para a democracia direta. Trata-se de um novo modelo político, com um sistema que, até onde vai a ignorância deste autor, não foi implementado em qualquer outro lugar. Sendo pesadamente influenciado pelo modelo de referendos populares, funcionado com base em tecnológicas de informática. Ele busca dar amplo controle popular sobre os diferentes Poderes. Traz um novo Poder, que tem por função receber e administrar as demandas populares, incluindo o controle, por meio do voto direto, da destinação de recursos públicos sem alocação prévia. Também foi dado grande peso aos professores e acadêmicos, em uma sociedade que tem como fundamento o conhecimento. Palavra-chave: democracia.

TÍTULO I – DOS PRINCÍPIOS FUNDAMENTAIS

Art. 1º. A República Federativa do Brasil, formada pela união indissolúvel dos Estados e Municípios e do Distrito Federal, constitui-se em Estado Socialista Democrático de Direito e tem como fundamentos:

I - a soberania;

II - a cidadania;

III - a dignidade da pessoa humana;

IV - os valores sociais do trabalho e do cooperativismo;

V - o pluralismo político;

VI - o socialismo e o repúdio à mais-valia capitalista.

*Parágrafo único.*Todo o poder emana do povo, que o exerce diretamente ou por meio de representantes eleitos, nos termos desta Constituição.

Art. 2º. São Poderes da União, independentes e harmônicos entre si, o Legislativo, o Executivo, o Judiciário e o Popular.

Art. 3º. Constituem objetivos fundamentais da República Federativa do Brasil:

I - construir uma sociedade livre, justa e solidária;

II - garantir o desenvolvimento nacional;

III - erradicar a pobreza e a marginalização e reduzir as desigualdades sociais e regionais;

IV - promover o bem de todos, sem preconceitos de origem, raça, sexo, cor, idade e quaisquer outras formas de discriminação;

V - o uso da tecnologia para fortalecer a democracia direta, visando a remoção dos intermediários políticos.

Art. 4º. A República Federativa do Brasil rege-se nas suas relações internacionais pelos seguintes princípios:

I - independência nacional;

II - prevalência dos direitos humanos;

III - autodeterminação dos povos;

IV - não-intervenção;

V - igualdade entre os Estados;

VI - defesa da paz;

VII - solução pacífica dos conflitos;

VIII - repúdio ao terrorismo e ao racismo;

IX - cooperação entre os povos para o progresso da humanidade;

X - concessão de asilo político.

Parágrafo único. A República Federativa do Brasil buscará a integração econômica, política, social e cultural dos povos da América Latina, visando à formação de uma comunidade latino-americana de nações.

TÍTULO II - DOS DIREITOS E GARANTIAS FUNDAMENTAIS

CAPÍTULO I – DOS DIREITOS E DEVERES INDIVIDUAIS E COLETIVOS

Art. 5º. Todos são iguais perante a lei, sem distinção de qualquer natureza, garantindo-se a todos a inviolabilidade do direito à vida, à liberdade, à igualdade, à segurança e à propriedade necessária à vida digna, nos termos seguintes:

I - homens e mulheres são iguais em direitos e obrigações, nos termos desta Constituição;

II - ninguém será obrigado a fazer ou deixar de fazer alguma coisa senão em virtude de lei;

III - ninguém será submetido a tortura nem a tratamento desumano ou degradante;

IV - é livre a manifestação do pensamento;

V - é assegurado o direito de resposta, proporcional ao agravo, além da indenização por dano material, moral ou à imagem;

VI - é inviolável a liberdade de consciência e de crença, sendo assegurado o livre exercício dos cultos religiosos e garantida, na forma da lei, a proteção aos locais de culto e a suas liturgias;

VII - é assegurada, nos termos da lei, a prestação de assistência religiosa nas entidades civis e militares de internação coletiva;

VIII - ninguém será privado de direitos por motivo de crença religiosa ou de convicção filosófica ou política, salvo se as invocar para eximir-se de obrigação legal a todos imposta e recusar-se a cumprir prestação alternativa, fixada em lei;

IX - é livre a expressão da atividade intelectual, artística, científica e de comunicação, independentemente de censura ou licença;

X - são invioláveis a intimidade, a vida privada, a honra, a imagem das pessoas, seus dados biométricos e genéticos, assegurado o direito a indenização pelo dano material ou moral;

XI - a casa é asilo inviolável do indivíduo, ninguém nela podendo penetrar sem consentimento do morador, salvo em caso de flagrante delito ou desastre, ou para prestar socorro, ou, durante o dia, por determinação judicial;

XII - é inviolável o sigilo da correspondência e das comunicações telegráficas, de dados e das comunicações telefônicas, assim como das informações digitais, observando-se que:

a) no caso de comunicação telefônica ou digital, é possível a quebra de sigilo por ordem judicial, nas hipóteses e na forma que a lei estabelecer para fins de investigação criminal ou instrução processual penal, limitada ao prazo improrrogável de 60 (sessenta) dias a partir da autorização;

b) no caso de quebra de sigilo de comunicações digitais, o investigado será informado no prazo de 60 (sessenta dias) após a autorização;

c) é garantido o direito de informação sobre quebra de sigilo em até 1 (um) ano após a data da autorização, bem como o direito de indenização quando nenhuma ilegalidade for encontrada.

XIII - é livre o exercício de qualquer trabalho, ofício ou profissão, atendidos as qualificações profissionais que a lei estabelecer e os termos desta Constituição;

XIV - é assegurado a todos o acesso à informação e resguardado o sigilo da fonte, quando necessário ao exercício profissional;

XV - é livre a locomoção no território nacional em tempo de paz, podendo qualquer pessoa, nos termos da lei, nele entrar, permanecer ou dele sair com seus bens;

XVI - todos podem reunir-se pacificamente, sem armas, incluídos policiais e militares, em locais abertos ao público, independentemente de autorização, desde que não frustrem outra reunião anteriormente convocada para o mesmo local, sendo apenas recomendado prévio aviso à autoridade competente, observado às forças de segurança a proibição de:

a) uso da força sem prévia autorização, caso a caso, da autoridade máxima do Poder Executivo competente;

b) ao porte de armas de fogo em raio de duzentos e cinquenta metros do ponto onde houver manifestantes, salvo permissão da autoridade máxima do Poder Executivo competente, previamente autorizada pelo Poder Judiciário;

c) a responsabilização da autoridade máxima do Poder Executivo competente em caso de ação violenta que resulte em lesões físicas.

XVII - é plena a liberdade de associação para fins lícitos, proibida a de caráter paramilitar;

XVIII - a criação de associações e, na forma da lei, a de cooperativas independem de autorização, sendo proibida a interferência estatal em seu funcionamento;

XIX - as associações só poderão ser compulsoriamente dissolvidas ou ter suas atividades suspensas por decisão judicial, exigindo-se, no primeiro caso, o trânsito em julgado;

XX - ninguém poderá ser compelido a associar-se ou a permanecer associado;

XXI - as entidades associativas, quando expressamente autorizadas, têm legitimidade para representar seus filiados judicial ou extrajudicialmente;

XXII - aos indivíduos é garantido o direito à propriedade dos bens necessários a uma vida digna, ao trabalho e à felicidade;

XXIII - a propriedade atenderá a sua função social;

XXIV - a lei estabelecerá o procedimento para desapropriação por necessidade ou utilidade pública, ou por interesse social, mediante justa e prévia indenização em dinheiro, ressalvados os casos previstos nesta Constituição;

XXV - no caso de iminente perigo público, a autoridade competente poderá usar de propriedade particular, assegurada ao proprietário indenização ulterior, se houver dano;

XXVI - a micro ou pequena propriedade rural, assim definida nesta constituição, desde que trabalhada pela família, não será objeto de penhora para pagamento de débitos decorrentes de sua atividade produtiva, dispondo a lei sobre os meios de financiar o seu desenvolvimento;

XXVII - aos autores pertence o direito exclusivo de utilização, publicação ou reprodução de suas obras, exercido nos limites de sua função social de acordo com a lei, e intransmissível aos herdeiros;

XXVIII - são assegurados, nos termos da lei:

a) a proteção às participações individuais em obras coletivas e à reprodução da imagem e voz humanas, inclusive nas atividades desportivas;

b) o direito de fiscalização do aproveitamento econômico das obras que criarem ou de que participarem aos criadores, aos intérpretes e às respectivas representações sindicais e associativas.

XXIX - desde que agindo individualmente, em cooperativas ou associações, a lei assegurará aos autores de inventos industriais privilégio temporário para sua utilização, bem como proteção às criações industriais, à propriedade das marcas, aos nomes de empresas e a outros signos distintivos, tendo em vista o interesse social e o desenvolvimento tecnológico e econômico do País;

XXX - é garantido o direito de herança, regulado nos termos desta Constituição e da lei;

XXXI - a sucessão de bens de estrangeiros situados no País será regulada pela lei brasileira em benefício do cônjuge ou dos filhos brasileiros, sempre que não lhes seja mais favorável a lei pessoal do "de cujus";

XXXII - o Estado promoverá, na forma da lei, a defesa do consumidor, a segurança alimentar, a regulação do acesso a uma moradia digna a preço de custo e o acesso público às tecnologias de informação mais avançadas;

XXXIII - todos têm direito a receber dos órgãos públicos informações de seu interesse particular, ou de interesse coletivo ou geral, que serão prestadas no prazo da lei, sob pena de crime de responsabilidade, ressalvadas aquelas cujo sigilo seja imprescindível à segurança da sociedade e do Estado, observando-se que:

a) o prazo máximo de sigilo é de vinte e cinco anos;

b) documentos que contenham qualquer violação de direitos humanos não poderão ser classificados como sigilosos, sob pena de cumplicidade;

c) o Presidente do Conselho Popular Federal terá acesso irrestrito a todos os documentos sigilosos, em todos os órgãos, de todas as esferas de Poder, em todos os entes da Federação.

XXXIV - são a todos assegurados, independentemente do pagamento de taxas:

a) o direito de petição, oral ou escrita, aos Poderes Públicos em defesa de direitos ou contra ilegalidade ou abuso de poder;

b) a obtenção de certidões em repartições públicas, para defesa de direitos e esclarecimento de situações de interesse pessoal.

XXXV - a lei não excluirá da apreciação do Poder Judiciário lesão ou ameaça a direito;

XXXVI - a lei não prejudicará o direito adquirido, o ato jurídico perfeito e a coisa julgada;

XXXVII - não haverá juízo ou tribunal de exceção;

XXXVIII - é reconhecida a instituição do júri, com a organização que lhe der a lei, assegurados:

a) a plenitude de defesa;

b) o sorteio dos jurados dentre bacharéis em direito;

c) a comunicabilidade entre os membros do júri em sala restrita;

d) decisão por 2/3 (dois terços) dos votos;

e) o sigilo das votações e deliberações;

f) justificação da decisão final;

g) a soberania dos veredictos;

h) a competência para o julgamento dos crimes contra a vida e penas superiores a 10 (dez) anos.

XXXIX - não há crime sem lei anterior que o defina, nem pena sem prévia cominação legal;

XL - a lei penal não retroagirá, salvo para beneficiar o réu;

XLI - a lei punirá qualquer discriminação atentatória dos direitos e liberdades fundamentais;

XLII - a prática do racismo constitui crime inafiançável e imprescritível, sujeito à pena de reclusão, nos termos da lei;

XLIII - a lei considerará crimes inafiançáveis, insuscetíveis de graça ou anistia e de julgamento prioritário a prática da tortura, o tráfico ilícito de entorpecentes e drogas afins, o terrorismo, a exploração de trabalho infantil e escravo, assim como os definidos como crimes hediondos, por eles respondendo os mandantes, os executores e os que, podendo evitá-los, se omitirem;

XLIV - constitui crime inafiançável e imprescritível a ação de grupos armados, civis ou militares, contra a ordem constitucional e o Estado Democrático;

XLV - nenhuma pena passará da pessoa do condenado, podendo a obrigação de reparar o dano e a decretação do perdimento de bens ser, nos termos da lei, estendidas aos genitores e sucessores e contra eles executadas, até o limite do valor do patrimônio transferido;

XLVI - a lei regulará a individualização da pena e adotará, entre outras, as seguintes:

a) privação ou restrição da liberdade;

b) perda de bens;

c) multa;

d) prestação social alternativa;

e) suspensão ou interdição de direitos;

f) reeducação.

XLVII - não haverá medida de segurança ou penas:

a) de morte, salvo em caso de guerra declarada, nos termos do art. 85, XIII;

b) de caráter perpétuo;

c) de trabalhos forçados;

d) de banimento;

e) cruéis;

f) aplicadas em locais considerados ofensivos à dignidade humana por organizações internacionais das quais o Brasil faça parte, com aprovação do Conselho de Ministros por 2/3 (dois terços) dos votos;

g) aplicadas em locais desaprovados por maioria de 2/3 (dois terços) do Conselho Popular Federal.

XLVIII - a pena, cujo objetivo é a reeducação e a reinserção social, será sempre cumprida em estabelecimentos distintos, de acordo com a natureza do delito, a idade, o sexo, a saúde mental e física, garantido:

a) o acesso de todos os apenados à cultura, em local apropriado;

b) a separação do preso provisório do condenado por sentença transitada em julgado;

c) espaço individual mínimo, de acordo com a lei;

d) espaço para prática de esportes;

e) o comando da unidade prisional por servidor público, escolhido pelo Ministro da Justiça, com título de bacharel em pedagogia, psicologia ou serviço social.

XLIX - é assegurado aos presos o respeito à integridade física e moral, sob pena de crime de responsabilidade, devendo:

a) representante da Defensoria Pública estar permanentemente presente em locais de detenção, temporária ou permanente, para prevenir e relatar abusos ou a existência de condições degradantes;

b) ser permitida entrada de equipes de reportagem, previamente agendadas, a fim de observarem as condições dos locais de detenção;

c) o máximo de 6 (seis) meses para prisão preventiva em regime fechado.

L - às presidiárias serão asseguradas condições para que possam permanecer com seus filhos durante os dois primeiros anos de vida em local digno e de pleno respeito aos direitos das crianças;

LI - nenhum brasileiro será extraditado, salvo o naturalizado, em caso de crime comum, praticado antes da naturalização, ou de comprovado envolvimento em tráfico ilícito de entorpecentes e drogas afins, na forma da lei e respeitando a exceção do §4º deste artigo;

LII - não será concedida extradição de estrangeiro por crime político ou de opinião;

LIII - ninguém será processado nem sentenciado senão pela autoridade competente;

LIV - ninguém será privado da liberdade ou de seus bens sem o devido processo legal;

LV - aos litigantes, em processo judicial ou administrativo, e aos acusados em geral são assegurados o contraditório e ampla defesa, com os meios e recursos a ela inerentes, sendo que a inatividade processual não gera presunção de culpa;

LVI - são inadmissíveis, no processo, as provas obtidas por meios ilícitos, incluídas:

a) aquelas que forem divulgadas com o objetivo de prejudicar o acusado em processo sob segredo de justiça;

b) as colhidas de pessoa presa há mais de 24 (vinte e quatro) horas;

c) as colhidas de pessoa anteriormente presa, nos últimos 12 (doze) meses, que gere dúvida sobre sua legitimidade e que indique possível coação a fim de obtenção de provas.

LVII - ninguém será considerado culpado, ou sofrerá pena antecipada, até o trânsito em julgado de sentença penal condenatória, garantida:

a) a proteção do rosto e do nome completo do acusado, excepcionados os casos de crimes hediondos onde existam vítimas desconhecidas, de acordo com a lei, que aplicará penas de multa e suspensão temporária às empresas jornalísticas que descumpram este dispositivo;

b) a veiculação em meio jornalístico, a cada citação ao acusado, de informação que torne inequívoca a sua presumida inocência, sob pena de multa e suspensão das operações por tempo limitado em caso de reincidência;

c) a autorização da justiça e do acusado para divulgação pública, em qualquer meio, de confissão de crime;

d) a divulgação pública, a partir de autorização formal do acusado, da gravação em áudio e vídeo de todo o julgamento a que foi submetido, com limitações de acordo com a lei, proibida transmissão ao vivo em todos os casos.

LVIII - o civilmente identificado não será submetido a identificação criminal, salvo nas hipóteses previstas em lei;

LIX - será admitida ação privada nos crimes de ação pública, se esta não for intentada no prazo legal;

LX - a lei só poderá restringir a publicidade dos atos processuais quando a defesa da intimidade ou o interesse social o exigirem;

LXI - ninguém será preso senão em flagrante delito ou por ordem escrita e fundamentada de autoridade judiciária competente, salvo nos casos de transgressão militar ou crime propriamente militar, definidos em lei;

LXII - a prisão de qualquer pessoa e o local onde se encontre serão comunicados imediatamente, em prazo não superior a oito horas, ao juiz competente, à família do preso e à pessoa por ele indicada, sendo facultado ao detido informar meio jornalístico de sua escolha, observado que:

a) a presença de advogado ou defensor não supre a omissão do direito;

b) a falta de imediata informação ao preso sobre seus direitos constitucionais gera nulidade dos atos praticados;

c) o detido será apresentado ao juiz em prazo máximo de 24 (vinte e quatro) horas.

LXIII - o preso ou acusado será informado, a cada sessão de interrogatório, de seus direitos, entre os quais o de permanecer calado, sendo-lhe assegurada a assistência da família e de advogado, sendo nula qualquer declaração na ausência de defensor técnico;

LXIV - o preso tem direito à identificação do responsável por sua prisão, de todos os que com ele interagiram física ou verbalmente e daqueles que estiveram presentes em seu interrogatório policial;

LXV - a prisão ilegal será imediatamente relaxada pela autoridade judiciária, que encaminhará os autos ao Ministério Público e à Defensoria Pública, determinando de ofício indenização à vítima e multa aos agentes públicos responsáveis pela ilegalidade;

LXVI - ninguém será levado à prisão ou nela mantido, quando a lei admitir a liberdade provisória, com ou sem fiança;

LXVII - não haverá prisão civil por dívida, salvo a do responsável pelo inadimplemento voluntário e inescusável de obrigação alimentícia, sendo proibida execução em regime fechado;

LXVIII - conceder-se-á habeas corpus sempre que alguém sofrer ou se achar ameaçado de sofrer violência ou coação em sua liberdade de locomoção, por ilegalidade ou abuso de poder;

LXIX - conceder-se-á mandado de segurança para proteger direito líquido e certo, não amparado por habeas corpus ou habeas data, quando o responsável pela ilegalidade ou abuso de poder for autoridade pública ou agente de pessoa jurídica no exercício de atribuições do Poder Público;

LXX - o mandado de segurança coletivo pode ser impetrado por:

a) partido político com representação nacional;

b) organização sindical, entidade de classe ou associação legalmente constituída e em funcionamento há pelo menos um ano, em defesa dos interesses de seus membros ou associados.

LXXI - conceder-se-á mandado de injunção sempre que a falta de norma regulamentadora torne inviável o exercício dos direitos, liberdades e garantias constitucionais e das prerrogativas inerentes à nacionalidade, à soberania e à cidadania, observando-se que:

a) pode ser ajuizado por qualquer pessoa, partido político ou instituição;

b) deve a justiça suprir a omissão para o caso específico e comunicar o Poder responsável para que edite norma própria, sob pena de responsabilidade, nos termos desta Constituição.

LXXII - conceder-se-á habeas data:

a) para assegurar o conhecimento de informações relativas à pessoa do impetrante, constantes de registros ou bancos de dados de entidades governamentais ou de caráter público;

b) para a retificação de dados, quando não se prefira fazê-lo por processo sigiloso, judicial ou administrativo.

LXXIII - qualquer cidadão é parte legítima para propor ação popular que vise a anular ato lesivo ao patrimônio público ou de entidade de que o Estado participe, à moralidade administrativa, ao meio ambiente e ao patrimônio histórico e cultural, ficando o autor, salvo comprovada má-fé, isento de custas judiciais e do ônus da sucumbência;

LXXIV - o Estado prestará assistência jurídica integral, gratuita e ágil;

LXXV - o Estado indenizará o condenado, por erro judiciário, independente de sua ação ou omissão processual, assim como o que ficar preso além do tempo fixado na sentença ou o que sofrer prisão cautelar ilegal ou abusiva;

LXXVI - são gratuitos, na forma da lei:

a) o registro civil de nascimento;

b) a certidão de óbito.

LXXVII - são gratuitas as ações de habeas corpus e habeas data, e, na forma da lei, os atos necessários ao exercício da cidadania;

LXXVIII - a todos, no âmbito judicial e administrativo, são assegurados a razoável duração do processo e os meios que garantam a celeridade de sua tramitação, garantida indenização em caso de morosidade, de acordo com a lei.;

LXXIX - cabe ao Ministro da Justiça, em nível federal, e ao Secretário Estadual de Segurança, nos Estados e no Distrito Federal, sob pena de responsabilidade, prover as polícias de equipamentos avançados, que garantam precisão científica à resolução de crimes;

LXXX -o Estado garantirá às gestantes o direito ao parto humanizado e normal, assim como a presença integral de acompanhante por ela escolhido, sendo proibido o esforço reiterado de convencimento para realização de parto cesárea.

§ 1º - As normas definidoras dos direitos e garantias fundamentais têm aplicação imediata.

§ 2º - Os direitos e garantias expressos nesta Constituição não excluem outros decorrentes do regime e dos princípios por ela adotados, ou dos tratados internacionais em que a República Federativa do Brasil seja parte.

§ 3º - Os tratados e convenções internacionais sobre direitos humanos e meio ambiente serão aprovados pelo Congresso Nacional com caráter material e formalmente constitucional, sendo colocados novamente em fila de espera caso rejeitados em processo de referendo popular, e com validade após entrarem em vigor internacionalmente.

§ 4º - O Brasil se submete à jurisdição de Tribunal Penal Internacional de que faça parte, podendo entregar nacionais para julgamento, desde que garantida a adaptação da sentença aos limites da legislação brasileira, após autorização do Supremo Tribunal Federal e aprovação por referendo especial.

CAPÍTULO II - DOS DIREITOS SOCIAIS

Art. 6º. São direitos sociais a educação, a saúde, a alimentação, o trabalho, a moradia, a comunicação, o acesso aos meios digitais de informação, o lazer, o esporte, a segurança, a previdência social, a proteção à maternidade e à infância, a assistência aos desamparados, na forma desta Constituição.

I - é dever dos Estados e do Distrito federal fornecer refeições de boa qualidade e a preço de custo, por meio de restaurantes comunitários nos locais de maior concentração popular.

II - cabe à Empresa Brasileira de Imóveis (EBI), com representação em todos os Estados, exercer monopólio sobre a compra, a venda e o aluguel de imóveis, garantindo que sejam negociados sempre a preço de custo;

a) pessoas de baixa renda terão prioridade de aquisição;

b) nas aquisições financiadas, é proibida a adoção de taxas de juros totais superiores a 1% (um por cento) sobre o valor do imóvel;

c) o acumulado do valor pago como aluguel contará para a aquisição de imóvel.

III - é proibida a posse de mais de um imóvel por pessoa física, observadas as exceções presentes nesta Constituição, cabendo ao dono vender os imóveis excedentes à EBI, a preço de custo, sujeitando-se a processo de desapropriação em caso de descumprimento.

IV - apenas a pessoa jurídica brasileira pode adquirir imóveis;

V -os Estados e o Distrito Federal oferecerão serviço de acesso à internet, tanto de forma individualizada quanto coletiva em espaços públicos, observando que:

a) deverão garantir infraestrutura alinhada com a mais alta tecnologia disponível;

b) o serviço de infraestrutura e provedor de acesso deverão ser oferecidos a preços baixos, permitido lucro quando destinado ao aprimoramento tecnológico e à pesquisa.

VI - a União oferecerá, em concorrência com empresas privadas, serviço de televisão por assinatura, observando-se a obrigatoriedade da disponibilização, em todas as operadoras, dos canais gerenciados pela União, pelos Estados, Distrito Federal e Municípios;

VII - os Estados e o Distrito Federal oferecerão acesso ao lazer por meio de espaços públicos com salas de cinema, teatro, locais para palestras e shows;

VIII - os Municípios oferecerão locais de recreação para crianças, em distâncias não superiores a duzentos e cinquenta metros de cada núcleo habitacional;

IX - às crianças é garantido o acesso a qualquer área de recreação, mesmo em condomínios privados;

X - os Municípios disponibilizarão quadras de esporte e equipamentos fixos de ginástica, incluindo os necessários à manutenção da saúde de idosos e deficientes físicos;

XI - é dever dos Estados e do Distrito federal disponibilizar ciclovias e acesso facilitado a bicicletas e outros meios de transporte não poluidores, de acordo com a lei;

XII - os Municípios manterão abrigos, equipados com banheiros, camas e área de recreação, a distâncias não superiores a mil metros entre si, onde gratuitamente oferecerão alimentação, higiene, repouso e acesso a assistente social ou psicólogo;

XIII - a União controlará rede hoteleira com abrangência nacional, prestando serviço de alta qualidade a preços módicos.

CAPÍTULO III - DAS RELAÇÕES DE TRABALHO

Art. 7º. São permitidas as seguintes formas de empreendimentos, proibida a obtenção de mais-valia capitalista:

I - empreendedores individuais sem funcionários;

II - cooperativas;

III -– associações sem finalidade econômica.

Art. 8º. Aos empreendedores individuais é permitida a posse de todos os bens necessários à produção de produtos e serviços, sendo proibida a contratação de funcionários;

*Parágrafo único.*O empreendedor individual deverá iniciar uma cooperativa caso deseje trabalhar com outras pessoas.

Art. 9º. Toda empresa privada com objetivo econômico composta por duas ou mais pessoas deve operar sob a forma de cooperativa, respeitando-se os princípios de:

I - adesão voluntária, com número ilimitado de associados;

II - variabilidade do capital social representado por quotas-partes;

III - limitação do número de quotas-partes do capital para cada associado, facultado, porém, o estabelecimento de critérios de proporcionalidade, se assim for mais adequado para o cumprimento dos objetivos sociais;

IV - incessibilidade das quotas-partes do capital a terceiros, estranhos à sociedade;

V - singularidade de voto, podendo as cooperativas centrais, federações e confederações de cooperativas optar pelo critério da proporcionalidade;

VI - quórum para o funcionamento e deliberação da Assembleia Geral baseado no número de associados e não no capital;

VII - retorno das sobras líquidas do exercício, proporcionalmente às operações realizadas pelo associado, salvo deliberação em contrário da Assembleia Geral;

VIII - indivisibilidade dos fundos de Reserva e de Assistência Técnica Educacional e Social;

IX - neutralidade política e indiscriminação religiosa, racial e social;

X - prestação de assistência aos associados e aos empregados avulso da cooperativa;

XI - área de admissão de associados limitada às possibilidades de reunião, controle, operações e prestação de serviços;

XII - Compromisso com a comunidade;

Art. 10. São direitos dos trabalhadores urbanos, domésticos e rurais, além de outros que visem à melhoria de sua condição social:

I - relação de emprego protegida contra despedida arbitrária ou sem justa causa, nos termos de lei complementar, que preverá indenização compensatória, dentre outros direitos;

II - seguro-desemprego, em caso de desemprego involuntário, proibida qualquer limitação em relação a prazos ou condições para seu exercício;

III - fundo de garantia do tempo de serviço;

IV - salário mínimo, fixado em lei, nacionalmente unificado, capaz de atender a suas necessidades vitais básicas e às de sua família com moradia, comunicação, alimentação, educação, saúde, lazer, vestuário, higiene, transporte e previdência social, com reajustes anuais que lhe preservem o poder aquisitivo, sendo proibida sua vinculação para qualquer fim, exceto as constantes nesta Constituição;

V - piso salarial proporcional à extensão e à complexidade do trabalho, com piso nacional para profissionais das áreas de saúde e educação, superior a 2 (dois) salários mínimos;

VI - irredutibilidade do salário, salvo o disposto em assembleia geral, convenção ou acordo coletivo;

VII - garantia de salário, nunca inferior ao mínimo, para os que percebem remuneração variável;

VIII - 13° (décimo terceiro) salário com base na remuneração integral ou no valor da aposentadoria, proibidos outros salários adicionais em qualquer Poder da União, dos Estados, do Distrito Federal e dos Municípios;

IX - remuneração do trabalho noturno superior à do diurno;

X - proteção do salário na forma da lei, constituindo crime sua retenção dolosa;

XI - participação semestral ou anual nos lucros, ou resultados, desvinculada da remuneração e sempre superior a 30% (trinta por cento), observado que em caso de participação em empresa pública, autarquia e fundação pública este valor será de 5% (cinco por cento) no mínimo e 30% (trinta por cento) no máximo, assim como participação direta na gestão da cooperativa por meio de voto com igual peso;

XII - salário-família para os seus dependentes;

XIII - duração do trabalho normal não superior a 6 (seis) horas diárias e 30 (trinta) horas semanais, facultada a compensação de horários e a redução da jornada, mediante alteração dos termos em estatuto ou regimento interno, acordo ou convenção coletiva de trabalho;

XIV - jornada de 6 (seis) horas para o trabalho realizado em turnos ininterruptos de revezamento, salvo negociação coletiva;

XV - repouso semanal remunerado, preferencialmente aos domingos;

XVI - remuneração do serviço extraordinário superior, no mínimo, em 50% (cinquenta por cento) à do normal;

XVII - gozo de férias anuais remuneradas com, pelo menos, 1/3 (um terço) a mais do que o salário normal;

XVIII - licença à gestante e mulher adotante, sem prejuízo do emprego e do salário, observando:

a) a duração de 12 (doze) meses;

23

b) o início 30 (trinta) dias antes da data prevista para o parto ou no dia da adoção;

c) a garantia de tempo adicional de até 60 (sessenta) dias, anterior ou posterior à data de início prevista, com base em laudo médico e de acordo com a lei;

d) a opção por licença não remunerada até o segundo aniversário da criança ou dois anos após a adoção;

XIX -licença-paternidade de 6 (seis) meses, podendo ser utilizado de acordo com a necessidade, limitado em lei;

XX - proteção do trabalho da mulher, mediante incentivos específicos, fixado por lei;

XXI - aviso prévio proporcional ao tempo de serviço, sendo no mínimo de trinta dias, nos termos da lei;

XXII - redução dos riscos inerentes ao trabalho, por meio de normas de saúde, higiene e segurança;

XXIII - adicional de remuneração para as atividades penosas, insalubres ou perigosas, na forma da lei;

XXIV - aposentadoria;

XXV - assistência gratuita aos filhos e dependentes desde o nascimento até 5 (cinco) anos de idade em creches e pré-escolas;

XXVI - reconhecimento das convenções e acordos coletivos de trabalho;

XXVII - proteção em face da automação, na forma da lei;

XXVIII - seguro contra acidentes de trabalho, a cargo das cooperativas e empregadores, sem excluir a indenização a que estes estão obrigados, quando incorrer em dolo ou culpa;

XXIX - ação, quanto aos créditos resultantes das relações de trabalho, com prazo prescricional de cinco anos para os trabalhadores urbanos e rurais, até o limite de dois anos após a extinção do contrato de trabalho;

XXX - proibição de diferença de salários, de exercício de funções e de critério de admissão por motivo de sexo, idade, cor ou estado civil;

XXXI - proibição de qualquer discriminação no tocante a salário e critérios de admissão do trabalhador portador de deficiência;

XXXII - proibição de distinção entre trabalho manual, técnico e intelectual ou entre os profissionais respectivos;

XXXIII - proibição de qualquer trabalho a menores de 18 (dezoito) anos, salvo na condição de aprendiz, a partir de 16 (dezesseis) anos;

XXXIV - igualdade de direitos entre o cooperado, o trabalhador com vínculo empregatício permanente e o trabalhador avulso.

Art. 11. É livre a associação profissional ou sindical, observado o seguinte:

I - a lei não poderá exigir autorização do Estado para a fundação de sindicato, ressalvado o registro no órgão competente, proibidas ao Poder Público a interferência e a intervenção na organização sindical;

II - a lei definirá a unicidade ou pluralidade da representação sindical representativa de categoria profissional ou econômica na mesma base territorial;

III - ao sindicato cabe a defesa dos direitos e interesses coletivos ou individuais da categoria, inclusive em questões judiciais ou administrativas;

IV - a assembleia geral fixará a contribuição que, em se tratando de categoria profissional, será descontada em folha, para custeio do sistema confederativo da representação sindical respectiva, independentemente da contribuição prevista em lei;

V - ninguém será obrigado a filiar-se ou a manter-se filiado a sindicato;

25

VI - é obrigatória a participação dos sindicatos nas negociações coletivas de trabalho;

VII - o aposentado filiado tem direito a votar e ser votado nas organizações sindicais;

VIII - é proibida a dispensa do empregado sindicalizado a partir do registro da candidatura a cargo de direção ou representação sindical e, se eleito, ainda que suplente, até um ano após o final do mandato, salvo se cometer falta grave nos termos da lei.

Parágrafo único. As disposições deste artigo aplicam-se à organização de sindicatos rurais e de colônias de pescadores, atendidas as condições que a lei estabelecer.

Art. 12. É assegurado o direito de greve, competindo aos trabalhadores decidir sobre a oportunidade de exercê-lo e sobre os interesses que devam por meio dele defender.

§ 1º - A lei definirá os serviços ou atividades essenciais e disporá sobre o atendimento das necessidades inadiáveis da comunidade.

§ 2º - É proibido o desconto integral ou superior a 50% (cinquenta por cento) dos rendimentos referentes aos dias de greve.

Art. 13. É assegurada a participação com poder de voto dos trabalhadores avulso, cooperados e empreendedores individuais nos colegiados dos órgãos públicos em que seus interesses profissionais ou previdenciários sejam objeto de discussão e deliberação.

Art. 14. Nas empresas privadas especiais, definidas em lei e sempre relacionadas a pessoas jurídicas internacionais, e nas empresas públicas é assegurada a eleição de um representante para cada cem empregados, com a finalidade exclusiva de promover o entendimento com os chefes.

Art. 15. Os representantes dos trabalhadores gozarão de proteção contra todo ato que possa prejudica-los, sempre que atuem conforme as leis, os contratos coletivos ou outros acordos comuns em vigor.

Art. 16. É assegurada participação nos lucros aos empregados de empresas públicas, com mínimo de 5% (cinco por cento) e máximo de 30% (trinta por cento).

CAPÍTULO IV - DA NACIONALIDADE

Art. 17. São brasileiros:

I - natos:

a) os nascidos na República Federativa do Brasil, ainda que de pais estrangeiros, desde que estes não estejam a serviço de seu país;

b) os nascidos no estrangeiro, de pai brasileiro ou mãe brasileira, desde que qualquer deles esteja a serviço da República Federativa do Brasil;

c) os nascidos no estrangeiro de pai brasileiro ou de mãe brasileira, desde que sejam registrados em repartição brasileira competente ou venham a residir na República Federativa do Brasil e optem, em qualquer tempo, depois de atingida a maioridade, pela nacionalidade brasileira;

II - naturalizados:

a) os que, na forma da lei, adquiram a nacionalidade brasileira, exigidas aos originários de países de língua portuguesa apenas residência por um ano ininterrupto e idoneidade moral;

b) os estrangeiros de qualquer nacionalidade, residentes na República Federativa do Brasil há mais de quinze anos ininterruptos e sem condenação penal, desde que requeiram a nacionalidade brasileira

§ 1º - Aos portugueses e nascidos em países membros da Comunidade dos Países de Língua Portuguesa (CPLP) com residência permanente no País, se houver reciprocidade em favor de brasileiros, serão atribuídos os direitos inerentes ao brasileiro, salvo os casos previstos nesta Constituição.

§ 2º - A lei não poderá estabelecer distinção entre brasileiros natos e naturalizados, salvo nos casos previstos nesta Constituição.

§ 3º - São privativos de brasileiro nato os cargos:

I - de Presidente da República;

II - de Presidente do Congresso Nacional;

III - de Ministro do Supremo Tribunal Federal;

IV - de Ministro ou Secretário de Estado;

V - de Conselheiro Federal;

VI - da carreira diplomática;

VII - de oficial das Forças Armadas.

§ 4º - Será declarada a perda da nacionalidade do brasileiro que:

I - tiver cancelada sua naturalização, por sentença judicial, em virtude de atividade nociva ao interesse nacional;

II - adquirir outra nacionalidade, salvo nos casos:

a) de reconhecimento de nacionalidade originária pela lei estrangeira;

b) de imposição de naturalização, pela norma estrangeira, ao brasileiro residente em estado estrangeiro, como condição para permanência em seu território ou para o exercício de direitos civis;

Art. 18. A língua portuguesa é o idioma oficial da República Federativa do Brasil.

§ 1º - São símbolos da República Federativa do Brasil a bandeira, o hino, as armas e o selo nacionais.

§ 2º - Os Estados, o Distrito Federal e os Municípios poderão ter símbolos próprios.

CAPÍTULO V - DOS DIREITOS POLÍTICOS

Art. 19. A soberania popular será exercida pelo sufrágio universal e pelo voto direto e secreto, com valor igual para todos, e, nos termos da lei, mediante:

I - plebiscito, com voto obrigatório;

II - iniciativa popular;

III - referendo especial, com voto obrigatório;

IV - referendo popular, com voto facultativo.

§ 1º - O alistamento eleitoral e o voto são:

I - obrigatórios para os maiores de vinte e cinco anos;

II - facultativos para:

  a) os analfabetos;

  b) os maiores de sessenta anos;

  c) os maiores de 16 (dezesseis) e menores de 25 (vinte e cinco) anos;

§ 2º - Não podem alistar-se como eleitores os estrangeiros e, durante o período do serviço militar obrigatório, os conscritos.

§ 3º - São condições de elegibilidade, na forma da lei:

I - a nacionalidade brasileira;

II - o pleno exercício dos direitos políticos;

III - o alistamento eleitoral;

IV - o domicílio eleitoral na circunscrição;

V - a filiação partidária ou registro atualizado de biografia e posicionamento ideológico no caso de candidato independente, sem filiação partidária;

VI -a idade mínima de:

> *a)* 35 (trinta e cinco) anos para Presidente da República, Ministro de Estado, Conselheiro Federal e Secretário Estadual de Segurança;
>
> *b)* trinta anos para Governador e Vice-Governador de Estado e do Distrito Federal;
>
> *c)* vinte e cinco anos para Congressista, Comissário Legislativo, Deputado Estadual ou Distrital, Prefeito, Vice-Prefeito, Vereador e juiz de paz;

§ 4º - São inelegíveis os inalistáveis e os analfabetos.

§ 5º - É proibida a reeleição para qualquer cargo.

§ 6º - Para concorrerem a outros cargos, o Presidente da República, os Ministros de Estado, os Secretários de Estado, os Conselheiros Federais, os Comissários Legislativos, os Governadores de Estado e do Distrito Federal, os Secretários Estaduais de Segurança Pública e os Prefeitos devem renunciar aos respectivos mandatos até seis meses antes do pleito.

§ 7º - São inelegíveis, no território de jurisdição do titular, o cônjuge e os parentes consanguíneos ou afins, até o segundo grau ou por adoção, do Presidente da República, dos Ministros de Estado, dos Secretários de Estado, de Governador de Estado ou Território, do Distrito Federal, de Secretários Estaduais de Segurança Pública, de Prefeito ou de quem os haja substituído dentro dos seis meses anteriores ao pleito.

§ 8º - O militar alistável é elegível exclusivamente para o cargo de Conselheiro Federal, atendidas as seguintes condições:

VII - se contar menos de dez anos de serviço, deverá afastar-se da atividade;

VIII - se contar mais de dez anos de serviço, será agregado pela autoridade superior e, se eleito, passará automaticamente, no ato da diplomação, para a inatividade.

§ 9º - Lei complementar estabelecerá outros casos de inelegibilidade e os prazos de sua cessação, a fim de proteger a probidade administrativa, a moralidade para exercício de mandato considerada vida pregressa do candidato, e a normalidade e legitimidade das eleições contra a influência do poder econômico ou o abuso do exercício de função, cargo ou emprego na administração direta ou indireta.

§ 10º - O mandato eletivo poderá ser impugnado ante a Justiça Eleitoral no prazo de trinta dias contados da diplomação, instruída a ação com provas de abuso do poder econômico, corrupção ou fraude.

§ 11º - A ação de impugnação de mandato tramitará em segredo de justiça, respondendo o autor, na forma da lei, se temerária ou de manifesta má-fé.

Art. 20. É proibida a cassação de direitos políticos, cuja perda ou suspensão só se dará nos casos de:

I - cancelamento da naturalização por sentença transitada em julgado;

II - incapacidade civil absoluta;

III - condenação criminal transitada em julgado, enquanto durarem seus efeitos;

IV - recusa de cumprir obrigação a todos imposta ou prestação alternativa, nos termos do art. 5º, VIII;

31

V - improbidade administrativa, nos termos do art. 51, § 4º.

Art. 21. Os recursos de campanha, obedecerão a regra na qual:

I - todo recurso financeiro usado pelos partidos políticos e pelos candidatos independentes para a campanha eleitoral advirá de doações feitas para o fundo partidário, com exclusivo aporte de pessoas físicas e pessoas jurídicas nacionais, proibido o uso de recursos públicos.

II - o fundo partidário dividirá igualmente seus recursos entre os candidatos inscritos, entregando-os diretamente aos candidatos, proibida qualquer diferença de valor entre eles.

III - a Justiça Eleitoral designará equipe que acompanhará, em cada partido político, as movimentações financeiras durante todo o período de campanha, com acesso irrestrito às suas contas.

Art. 22. Os candidatos poderão utilizar gratuitamente estúdios mantidos pela Justiça Eleitoral para produção de material audiovisual, nos termos da lei.

Art. 23. Os candidatos terão direito ao mesmo tempo de rádio e televisão para a divulgação de suas candidaturas, em todos os canais, de acordo com determinação da Justiça Eleitoral, observando-se o tempo mínimo de:

I - 15 (quinze) minutos para os cargos de Presidente da República e Ministro de Estado;

II - 10 (dez) minutos para os cargos de Conselheiro Federal, Governador e Prefeito;

III - 5 (cinco) minutos para os cargos de Congressista, Deputado Estadual, Vereador, Secretário Estadual de Segurança, Comissário Legislativo e Ministro do Supremo Tribunal Federal.

Art. 24. Os candidatos terão seus programas eleitorais apresentados por até 12 (doze) horas diárias, em períodos distintos ao longo da programação do canal de televisão da Justiça Eleitoral.

Art. 25. Os candidatos ao cargo de Ministro do Supremo Tribunal Federal apresentarão apenas seus currículos e história pessoal, proibida qualquer promessa de campanha.

Art. 26. A lei que alterar o processo eleitoral entrará em vigor na data de sua publicação, não se aplicando à eleição que ocorra até um ano da data de sua vigência.

CAPÍTULO VI - DOS PARTIDOS POLÍTICOS

Art. 27. É livre a criação, fusão, incorporação e extinção de partidos políticos, resguardados a soberania nacional, o regime democrático, o pluripartidarismo, os direitos fundamentais da pessoa humana e observados os seguintes preceitos:

I - caráter nacional;

II - proibição de recebimento de recursos financeiros de entidade ou governo estrangeiros ou de subordinação a estes;

III - obrigatoriedade de relatar à justiça eleitoral, por meio de formulário simplificado, o contato entre seus membros e representantes de outros países, desde que não agindo como funcionários públicos ou agentes políticos durante o período de mandato;

IV - prestação de contas à Justiça Eleitoral;

V - funcionamento parlamentar de acordo com a lei;

VI - repúdio à mais-valia capitalista.

§ 1º - É assegurada aos partidos políticos autonomia para definir sua estrutura interna, organização e funcionamento, devendo seus estatutos estabelecer normas de disciplina e fidelidade partidária.

§ 2º - Os partidos políticos devem apresentar candidatos em todas as disputas eleitorais, para todos os cargos que exijam partido político, considerado inativo e tendo seu registro suspenso aquele que não o fizer.

§ 3º - Os partidos políticos, após adquirirem personalidade jurídica, na forma da lei civil, registrarão seus estatutos no Tribunal Superior Eleitoral.

§ 4º - É proibida a utilização pelos partidos políticos de organização paramilitar.

§ 5º - É proibido o acesso a recursos do fundo partidário a candidato sem partido, respeitado o acesso gratuito ao rádio e à televisão, na forma da lei.

CAPÍTULO VII - DOS CANDIDATOS SEM PARTIDO POLÍTICO

Art. 28. Todos os cargos podem ser ocupados por candidatos sem partido político, sendo-lhes vedado recebimento de recursos do fundo partidário.

Art. 29. Os cargos que não podem ser ocupados por candidatos com partido político são:

I - Conselheiro Federal;

II - Secretário Estadual de Segurança;

III - Comissário Legislativo.

TÍTULO III - DA ORGANIZAÇÃO DO ESTADO

CAPÍTULO I - DA ORGANIZAÇÃO POLÍTICO-ADMINISTRATIVA

Art. 30. A organização político-administrativa da República Federativa do Brasil compreende a União, os Estados, o Distrito Federal e os Municípios, todos autônomos, nos termos desta Constituição.

§ 1º - Brasília é a Capital Federal.

§ 2º - Os Territórios Federais integram a União, e sua criação, transformação em Estado ou reintegração ao Estado de origem serão reguladas em lei complementar.

§ 3º - Os Estados podem incorporar-se entre si, subdividir-se ou desmembrar-se para se anexarem a outros, ou formarem novos Estados ou Territórios Federais, mediante aprovação da população diretamente interessada, através de plebiscito, e do Congresso Nacional, por lei complementar.

§ 4º - A criação, a incorporação, a fusão e o desmembramento de Municípios, far-se-ão por lei estadual, dentro do período determinado por lei complementar federal, e dependerão de consulta prévia, mediante plebiscito, às populações dos Municípios envolvidos, após divulgação dos Estudos de Viabilidade Municipal, apresentados e publicados na forma da lei.

Art. 31. É proibido à União, aos Estados, ao Distrito Federal e aos Municípios:

I - estabelecer cultos religiosos ou igrejas, subvencioná-los, embaraçar-lhes o funcionamento ou manter com eles ou seus representantes

35

relações de dependência ou aliança, ressalvada, na forma da lei, a colaboração de interesse público;

II - recusar fé aos documentos públicos;

III - criar distinções entre brasileiros ou preferências entre si.

CAPÍTULO II - DA UNIÃO

Art. 32. São bens da União:

I - os que atualmente lhe pertencem e os que lhe vierem a ser atribuídos;

II - as terras devolutas indispensáveis à defesa das fronteiras, das fortificações e construções militares, das vias federais de comunicação e à preservação ambiental, definidas em lei;

III - os lagos, rios e quaisquer correntes de água em terrenos de seu domínio, ou que banhem mais de um Estado, sirvam de limites com outros países, ou se estendam a território estrangeiro ou dele provenham, bem como os terrenos marginais e as praias fluviais;

IV - as ilhas fluviais e lacustres nas zonas limítrofes com outros países; as praias marítimas; as ilhas oceânicas e as costeiras, excluídas, destas, as que contenham a sede de Municípios, exceto aquelas áreas afetadas ao serviço público e a unidade ambiental federal, e as referidas no art. 39, II;

V - os recursos naturais da plataforma continental e da zona econômica exclusiva;

VI - o mar territorial;

VII - os terrenos de marinha e seus acrescidos;

VIII - os potenciais de energia hidráulica;

IX - os recursos minerais, inclusive os do subsolo;

X - as cavidades naturais subterrâneas e os sítios arqueológicos e pré-históricos;

XI -as terras tradicionalmente ocupadas pelos índios.

§ 1º - É assegurada, nos termos da lei, aos Estados, ao Distrito Federal e aos Municípios, bem como a órgãos da administração direta da União, participação no resultado da exploração de petróleo ou gás natural, de recursos hídricos para fins de geração de energia elétrica e de outros recursos minerais no respectivo território, plataforma continental, mar territorial ou zona econômica exclusiva, ou compensação financeira por essa exploração.

§ 2º - A faixa de até cento e cinquenta quilômetros de largura, ao longo das fronteiras terrestres, designada como faixa de fronteira, é considerada fundamental para defesa do território nacional, e sua ocupação e utilização serão reguladas em lei;

§ 3º - É garantida indenização por atuação em zona de fronteira para os servidores públicos federais que tenham sido transferidos para lá, nos termos de lei complementar.

Art. 33. Compete à União:

I - manter relações com Estados estrangeiros e participar de organizações internacionais;

II - declarar a guerra e celebrar a paz;

III - assegurar a defesa nacional;

IV - permitir, nos casos previstos em lei complementar, que forças estrangeiras transitem pelo território nacional ou nele permaneçam temporariamente;

V - decretar o estado de sítio, o estado de defesa e a intervenção federal;

VI - exercer monopólio estatal sobre a produção e o comércio de material bélico;

VII - emitir moeda;

VIII - administrar as reservas cambiais do País, fiscalizar e limitar as operações de natureza financeira, especialmente as de crédito, câmbio e capitalização, bem como as de seguros e de previdência privada, proibida atuação da iniciativa privada em qualquer dessas áreas;

IX - elaborar e executar planos nacionais e regionais de ordenação do território e de desenvolvimento econômico e social;

X - manter o serviço postal e o correio aéreo nacional;

XI - explorar por meio de monopólio, permitida a competição com empresas públicas de Estados e do Distrito Federal quando previsto nesta Constituição:

a) os serviços telefônicos, telegráficos, de transmissão de dados e demais serviços públicos de telecomunicações;

b) os serviços e instalações de energia elétrica e o aproveitamento energético dos cursos de água, em articulação com os Estados onde se situam os potenciais hidroenergéticos;

c) a navegação aérea, aeroespacial e a infraestrutura aeroportuária;

d) os serviços de transporte ferroviário;

e) os serviços bancários e de seguros;

f) os serviços de construção civil e manutenção prestados ao Poder Público, na forma da Empresa Brasileira de Construção Civil;

g) gestão prisional em unidades federais.

XII - explorar, diretamente ou mediante autorização, permissão, entendida como admissível apenas em situações efêmeras, transitórias ou a título precário para resolução de eventualidades contingentes, ou concessão:

a) os serviços de radiodifusão sonora, e de sons e imagens;

b) os serviços de transporte aquaviário entre portos brasileiros e fronteiras nacionais, ou que transponham os limites de Estado ou Território;

c) os serviços de transporte rodoviário interestadual e internacional de passageiros;

d) os portos marítimos, fluviais e lacustres;

XIII - organizar e manter o Poder Judiciário, o Ministério Público do Distrito Federal e dos Territórios e a Defensoria Pública dos Territórios;

XIV - organizar e manter a polícia e o corpo de bombeiros do Distrito Federal, bem como prestar assistência financeira ao Distrito Federal para a execução de serviços públicos, por meio de fundo próprio;

XV - organizar e manter os serviços oficiais de estatística, geografia, geologia e cartografia de âmbito nacional;

XVI - exercer a classificação, para efeito indicativo, de diversões públicas e de programas de rádio e televisão;

XVII - conceder anistia;

XVIII - planejar e promover a defesa permanente contra as calamidades públicas, especialmente as secas, inundações e deslizamentos;

XIX - instituir sistema nacional de gerenciamento de recursos hídricos e definir critérios de outorga de direitos de seu uso;

XX - instituir diretrizes para o desenvolvimento urbano, inclusive habitação, saneamento básico e transportes urbanos;

XXI - estabelecer princípios e diretrizes para o sistema nacional de viação;

XXII - executar os serviços de polícia marítima, aeroportuária e de fronteiras;

XXIII - explorar os serviços e instalações nucleares de qualquer natureza e exercer monopólio estatal sobre a pesquisa, a lavra, o

39

enriquecimento e reprocessamento, a industrialização e o comércio de minérios nucleares e seus derivados, atendidos os seguintes princípios e condições:

a) toda atividade nuclear em território nacional somente será admitida para fins pacíficos e mediante aprovação do Congresso Nacional;

b) sob regime de permissão, são autorizadas a comercialização e a utilização de radioisótopos para a pesquisa e usos médicos, agrícolas e industriais;

c) sob regime de permissão, são autorizadas a produção, comercialização e utilização de radioisótopos de meia-vida igual ou inferior a duas horas;

d) a responsabilidade civil por danos nucleares independe da existência de culpa;

XXIV - organizar, manter e executar a inspeção do trabalho, realizando concursos semestrais para preenchimento total das vagas para esses profissionais;

XXV - estabelecer as áreas e as condições para o exercício da atividade de garimpagem, em forma associativa.

Art. 34. Compete privativamente à União legislar sobre:

I - direito civil, comercial, penal, processual, eleitoral, agrário, marítimo, aeronáutico, espacial e do trabalho;

II - desapropriação;

III - requisições civis e militares, em caso de iminente perigo e em tempo de guerra;

IV - águas, energia, informática, telecomunicações e radiodifusão;

V - serviço postal;

VI - sistema monetário e de medidas, títulos e garantias dos metais;

VII - política de crédito, câmbio, seguros e transferência de valores;

VIII - comércio exterior e interestadual;

IX - diretrizes da política nacional de transportes;

X - regime dos portos, navegação lacustre, fluvial, marítima, aérea e aeroespacial;

XI - jazidas, minas, outros recursos minerais e metalurgia;

XII - nacionalidade, cidadania e naturalização;

XIII - populações indígenas;

XIV - emigração e imigração, entrada, extradição e expulsão de estrangeiros;

XV - organização do sistema nacional de emprego e condições para o exercício de profissões;

XVI - organização judiciária, do Ministério Público do Distrito Federal e dos Territórios e da Defensoria Pública dos Territórios, bem como organização administrativa destes;

XVII - sistema estatístico, sistema cartográfico e de geologia nacionais;

XVIII - sistemas de poupança, captação e garantia da poupança popular;

XIX - sistemas de consórcios e sorteios;

XX - competência da polícia federal e das polícias de portos e fronteiras, cibernética, rodoviária, ferroviária federais;

XXI - seguridade social;

XXII - registros públicos;

XXIII - atividades nucleares de qualquer natureza;

XXIV - normas gerais de licitação e contratação, em todas as modalidades, para as administrações públicas diretas, autárquicas e fundacionais da União, Estados, Distrito Federal e Municípios, e para as empresas públicas, nos termos desta Constituição;

XXV - defesa territorial, defesa aeroespacial, defesa marítima, defesa civil e mobilização nacional;

§ 1º - Lei complementar poderá autorizar os Estados a legislar sobre questões específicas das matérias relacionadas neste artigo.

§ 2º - Os Estados e o Distrito Federal poderão alterar em até um terço a penas fixadas no código penal, dependendo de aprovação de 2/3 (dois terços) da Assembleia Legislativa;

Art. 35. É competência comum da União, dos Estados, do Distrito Federal e dos Municípios:

I - zelar pela guarda da Constituição, das leis e das instituições democráticas e conservar o patrimônio público;

II - cuidar da saúde e assistência pública, da proteção e garantia das pessoas portadoras de deficiência;

III - proteger os documentos, as obras e outros bens de valor histórico, artístico e cultural, os monumentos, as paisagens naturais notáveis e os sítios arqueológicos;

IV - proporcionar os meios de acesso à cultura, à educação, ao desporto, à ciência, à tecnologia, à pesquisa e à inovação;

V - proteger o meio ambiente e combater a poluição em qualquer de suas formas;

VI - preservar as florestas, a fauna e a flora;

VII - fomentar a produção agropecuária e organizar o abastecimento alimentar;

VIII - promover programas de construção de moradias e a melhoria das condições habitacionais e de saneamento básico;

IX - combater as causas da pobreza e os fatores de marginalização, promovendo a integração social dos setores desfavorecidos;

X - promover o pleno emprego;

XI - registrar, acompanhar e fiscalizar as concessões de direitos de pesquisa e exploração de recursos hídricos e minerais em seus territórios;

XII - estabelecer e implantar política de educação para a segurança do trânsito.

Parágrafo único. Leis complementares fixarão normas para a cooperação entre a União e os Estados, o Distrito Federal e os Municípios, tendo em vista o equilíbrio do desenvolvimento e do bem-estar em âmbito nacional.

Art. 36. Compete à União, aos Estados e ao Distrito Federal legislar concorrentemente sobre:

I - direito tributário, financeiro, penitenciário, econômico e urbanístico;

II - orçamento;

III - juntas comerciais;

IV - custas dos serviços forenses;

V - produção e consumo;

VI - propaganda comercial;

VII - florestas, caça, pesca, fauna, conservação da natureza, defesa do solo e dos recursos naturais, proteção do meio ambiente e controle da poluição;

VIII - proteção ao patrimônio histórico, cultural, artístico, turístico e paisagístico;

IX - responsabilidade por dano ao meio ambiente, ao consumidor, a bens e direitos de valor artístico, estético, histórico, turístico e paisagístico;

X - educação, cultura, ensino e desporto;

XI - criação, funcionamento e processo do juizado de pequenas causas;

XII - procedimentos em matéria processual;

XIII - previdência social, proteção e defesa da saúde;

XIV - assistência jurídica e Defensoria pública;

XV - proteção e integração social das pessoas portadoras de deficiência;

XVI - proteção à infância e à juventude;

XVII - organização, garantias, direitos e deveres das polícias;

XVIII - trânsito e transporte.

§ 1º - No âmbito da legislação concorrente, a competência da União limitar-se-á a estabelecer normas gerais.

§ 2º - A competência da União para legislar sobre normas gerais não exclui a competência suplementar dos Estados.

§ 3º - Inexistindo lei federal sobre normas gerais, os Estados exercerão a competência legislativa plena, para atender a suas peculiaridades.

§ 4º - A superveniência de lei federal sobre normas gerais suspende a eficácia da lei estadual, no que lhe for contrário.

CAPÍTULO III - DOS ESTADOS FEDERADOS

Art. 37. Os Estados organizam-se e regem-se pelas Constituições e leis que adotarem, observados os princípios desta Constituição.

§ 1º - São reservadas aos Estados as competências que não lhes sejam proibidas por esta Constituição.

§ 2º - Os Estados poderão, mediante lei complementar, instituir regiões metropolitanas, aglomerações urbanas e microrregiões, constituídas por agrupamentos de municípios limítrofes, para integrar a organização, o planejamento e a execução de funções públicas de interesse comum.

Art. 38. Cabe aos Estados explorar diretamente, facultado em caso de monopólio estatal, os serviços locais de:

I - gás canalizado;

II - transporte coletivo;

III - gestão prisional;

IV - telecomunicações;

V - pesquisa, desenvolvimento, fabricação e manutenção dos equipamentos eletrônicos;

Art. 39. Incluem-se entre os bens dos Estados:

I - as águas superficiais ou subterrâneas, fluentes, emergentes e em depósito, ressalvadas, neste caso, na forma da lei, as decorrentes de obras da União;

II - as áreas, nas ilhas oceânicas e costeiras, que estiverem no seu domínio, excluídas aquelas sob domínio da União, Municípios ou terceiros;

III - as ilhas fluviais e lacustres não pertencentes à União;

IV - as terras devolutas não compreendidas entre as da União.

Art. 40. O número de Deputados à Assembleia Legislativa corresponderá a 9 (nove), acrescido de 1 (um) para cada dois milhões de habitantes.

§ 1º - Será de 5 (cinco) anos o mandato dos Deputados Estaduais, aplicando-se-lhes as regras desta Constituição sobre sistema eleitoral, inviolabilidade, imunidades, remuneração, perda de mandato, licença, impedimentos e incorporação às Forças Armadas.

§ 2º - O subsídio dos Deputados Estaduais será igual à média salarial dos professores estaduais ativos, observado o que dispõem os arts. 53, § 4º, 67, § 5º, 220, II, 223, III, e 223, § 2º, I.

§ 3º - Compete às Assembleias Legislativas dispor sobre seu regimento interno, polícia e serviços administrativos de sua secretaria, e prover os respectivos cargos.

§ 4º - A iniciativa popular no processo legislativo estadual aceitará projetos que obtenham apoio de mais de 1% (um por cento) dos eleitores, de acordo com a lei.

Art. 41. A eleição do Governador, do Vice-Governador de Estado e do Secretário Estadual de Segurança Pública, para mandato de 5 (cinco) anos, realizar-se-á no 1º (primeiro) domingo de julho, em 1º (primeiro) turno, e no último domingo de julho, em 2º (segundo) turno, se houver, do ano anterior ao do término do mandato de seus antecessores, e a posse ocorrerá em 9 (nove) de janeiro do ano subsequente, observado, quanto ao mais, o disposto no art. 113.

§ 1º - Perderá o mandato o Governador que assumir outro cargo ou função na administração pública direta ou indireta, ressalvada a posse em virtude de concurso público e observado o disposto no art. 52.

§ 2º - O Secretário Estadual de Segurança Pública será eleito por voto direto, nos mesmos termos determinados para o cargo de Governador.

§ 3º - Os subsídios do Governador, do Vice-Governador e do Secretário Estadual de Segurança Pública corresponderão à média salarial dos professores estaduais ativos.

§ 4º - Os subsídios dos Secretários Estaduais serão de 75% (setenta e cinco por cento) daquele estabelecido, em espécie, para o Governador do Estado.

§ 5º - Os Secretários Estaduais de Segurança Pública deverão ter 10 (dez) anos de trabalho policial.

CAPÍTULO IV - DOS MUNICÍPIOS

Art. 42. O Município reger-se-á por lei orgânica, votada em dois turnos, com o interstício mínimo de 10 (dez) dias, e aprovada por 2/3 (dois terços) dos membros da Câmara Municipal, que a promulgará, atendidos os princípios estabelecidos nesta Constituição, na Constituição do respectivo Estado e os seguintes preceitos:

I - eleição do Prefeito, do Vice-Prefeito e dos Vereadores, para mandato de 5 (cinco) anos, mediante pleito direto e simultâneo realizado em todo o País;

II - eleição do Prefeito e do Vice-Prefeito realizada no 1º (primeiro) domingo de agosto em 1º (primeiro) turno, e no último domingo de agosto, em 2º (segundo) turno, se houver e se realizada em Municípios com mais de 200.000 (duzentos mil) eleitores, aplicadas as regras do art. 113 neste último caso;

III - posse do Prefeito e do Vice-Prefeito no dia 8 (oito) de janeiro do ano subsequente ao da eleição;

IV - número de Vereadores proporcional à população do Município, será de:

a) 9 (nove) nos Municípios de até um milhão de habitantes;

b) 13 (treze) nos Municípios com mais de um milhão e menos de cinco milhões de habitantes;

c) 17 (dezessete) nos Municípios com mais de cinco milhões de habitantes;

V - subsídios do Prefeito, do Vice-Prefeito e dos Vereadores corresponderão à média salarial dos professores municipais ativos, observado o que dispõem os arts. 53, § 4°, 67, § 5°, 220, II, 153, III, e 223, § 2°, I.

VI - Os subsídios dos Secretários Municipais serão de 75% (setenta e cinco por cento) daquele estabelecido, em espécie, para o Prefeito, observado o que dispõem os arts. 53, § 4°, 67, § 5°, 220, II, 223, III, e 223, § 2°, I.

VII - inviolabilidade dos Vereadores por suas opiniões, palavras e votos no exercício do mandato;

VIII - proibições e incompatibilidades, no exercício da vereança, similares, no que couber, ao disposto nesta Constituição para os membros do Congresso Nacional e na Constituição do respectivo Estado para os membros da Assembleia Legislativa;

IX - julgamento do Prefeito perante o Tribunal de Justiça;

X - organização das funções legislativas e fiscalizadoras da Câmara Municipal;

XI - cooperação das associações representativas no planejamento municipal;

XII - iniciativa popular de projetos de lei de interesse específico do Município, da cidade ou de bairros, através de manifestação de, pelo menos, 1 % (um por cento) do eleitorado;

XIII - perda do mandato do Prefeito, nos termos do art. 28.

Art. 43. O total da despesa do Poder Legislativo Municipal, incluídos os subsídios dos Vereadores e excluídos os gastos com inativos, não poderá ultrapassar os seguintes percentuais, relativos ao somatório da receita tributária e das transferências efetivamente realizado no exercício anterior:

I - 7% (sete por cento) para Municípios com população de até 100.000 (cem mil) habitantes;

II - 6% (seis por cento) para Municípios com população entre 100.000 (cem mil) e 300.000 (trezentos mil) habitantes;

III - 5% (cinco por cento) para Municípios com população entre 300.001 (trezentos mil e um) e 500.000 (quinhentos mil) habitantes;

IV - 4,5% (quatro inteiros e cinco décimos por cento) para Municípios com população entre 500.001 (quinhentos mil e um) e 3.000.000 (três milhões) de habitantes;

V - 4% (quatro por cento) para Municípios com população entre 3.000.001 (três milhões e um) e 8.000.000 (oito milhões) de habitantes;

VI - 3,5% (três inteiros e cinco décimos por cento) para Municípios com população acima de 8.000.001 (oito milhões e um) habitantes.

§ 1º - A Câmara Municipal não gastará mais de 70% (setenta por cento) de sua receita com folha de pagamento, incluído o gasto com o subsídio de seus Vereadores, sendo crime de responsabilidade sua não observância pelo Presidente da Câmara Municipal.

§ 2º - Constitui crime de responsabilidade do Prefeito Municipal:

I - efetuar repasse que supere os limites definidos neste artigo;

II - não enviar o repasse até o dia vinte de cada mês; ou

III - enviá-lo a menor em relação à proporção fixada na Lei Orçamentária.

Art. 44. Compete aos Municípios:

I - legislar sobre assuntos de interesse local;

II - suplementar a legislação federal e a estadual no que couber;

III - instituir e arrecadar os tributos de sua competência, bem como aplicar suas rendas, sem prejuízo da obrigatoriedade de prestar contas e publicar balancetes nos prazos fixados em lei;

IV - criar, organizar e suprimir distritos, observada a legislação estadual;

V - organizar e prestar diretamente todos serviços públicos de interesse local;

VI - garantir o transporte público gratuito para todos os menores de idade, estudantes e idosos;

VII - manter, com a cooperação técnica e financeira da União e do Estado, programas de educação infantil e de ensino fundamental;

VIII - prestar, com a cooperação técnica e financeira da União e do Estado, serviços de atendimento à saúde da população;

IX - promover, no que couber, adequado ordenamento territorial, mediante planejamento e controle do uso, do parcelamento e da ocupação do solo urbano;

X - promover a proteção do patrimônio histórico-cultural local, observada a legislação e a ação fiscalizadora federal e estadual.

Art. 45. A fiscalização do Município será exercida pelo Poder Legislativo Municipal, mediante controle externo, e pelos sistemas de controle interno do Poder Executivo Municipal, na forma da lei.

§ 1º - O controle externo da Câmara Municipal será exercido com o auxílio dos Tribunais de Contas dos Estados ou do Município ou dos Conselhos ou Tribunais de Contas dos Municípios, onde houver.

§ 2º - O parecer prévio, emitido pelo órgão competente sobre as contas que o Prefeito deve anualmente prestar, só deixará de prevalecer por decisão de dois terços dos membros da Câmara Municipal.

§ 3º - As contas dos Municípios ficarão, durante 90 (noventa) dias, anualmente, à disposição de qualquer contribuinte, para exame e apreciação, o qual poderá questionar-lhes a legitimidade, nos termos da lei.

§ 4º - É proibida a criação de Tribunais, Conselhos ou órgãos de Contas Municipais.

CAPÍTULO V - DO DISTRITO FEDERAL E DOS TERRITÓRIOS

SEÇÃO I - DO DISTRITO FEDERAL

Art. 46. O Distrito Federal, dividido em regiões administrativas sob gestão de administradores eleitos, reger-se-á por lei orgânica, votada em 2 (dois) turnos com interstício mínimo de 15 (quinze) dias, e aprovada por 2/3 (dois terços) da Câmara Legislativa, que a promulgará, atendidos os princípios estabelecidos nesta Constituição.

§ 1º - Ao Distrito Federal são atribuídas as competências legislativas reservadas aos Estados e Municípios.

§ 2º - A eleição do Governador e do Vice-Governador, observadas as regras do art. 113, e dos Deputados Distritais coincidirá com a dos Governadores e Deputados Estaduais, para mandato de igual duração.

§ 3º - Aos Deputados Distritais e à Câmara Legislativa aplica-se o disposto no art. 40.

§ 4º - Lei federal disporá sobre a utilização, pelo Governo do Distrito Federal, das polícias e do corpo de bombeiros.

SEÇÃO II - DOS TERRITÓRIOS

Art. 47. A lei disporá sobre a organização administrativa e judiciária dos Territórios.

§ 1º - Os Territórios poderão ser divididos em Municípios, aos quais se aplicará, no que couber, o disposto no Capítulo IV deste Título.

§ 2º - As contas do Governo do Território serão submetidas ao Congresso Nacional, com parecer prévio do Tribunal de Contas da União.

§ 3º - Nos Territórios Federais com mais de cem mil habitantes, além do Governador nomeado na forma desta Constituição, haverá órgãos judiciários de primeira e segunda instância, membros do Ministério Público e defensores públicos federais; a lei disporá sobre as eleições para a Câmara Territorial e sua competência deliberativa.

CAPÍTULO VI - DA INTERVENÇÃO

Art. 48. A União não intervirá nos Estados nem no Distrito Federal, exceto para:

I - manter a integridade nacional;

II - repelir invasão estrangeira ou de uma unidade da Federação em outra;

III - pôr termo a grave comprometimento da ordem pública;

IV - garantir o livre exercício de qualquer dos Poderes nas unidades da Federação;

V - reorganizar as finanças da unidade da Federação que:

a) suspender o pagamento da dívida fundada por mais de dois anos consecutivos, salvo motivo de força maior;

b) deixar de entregar aos Municípios receitas tributárias fixadas nesta Constituição, dentro dos prazos estabelecidos em lei;

VI - prover a execução de lei federal, ordem ou decisão judicial;

VII - assegurar a observância dos seguintes princípios constitucionais:

a) forma republicana, sistema representativo e regime democrático;

b) direitos da pessoa humana;

c) autonomia municipal;

d) prestação de contas da administração pública, direta e indireta.

e) aplicação do mínimo exigido da receita resultante de impostos estaduais, compreendida a proveniente de transferências, na manutenção e desenvolvimento do ensino e nas ações e serviços públicos de saúde.

Art. 49. O Estado não intervirá em seus Municípios, nem a União nos Municípios localizados em Território Federal, exceto quando:

I - deixar de ser paga, sem motivo de força maior, por dois anos consecutivos, a dívida fundada;

II - não forem prestadas contas devidas, na forma da lei;

III - não tiver sido aplicado o mínimo exigido da receita municipal na manutenção e desenvolvimento do ensino e nas ações e serviços públicos de saúde;

IV - o Tribunal de Justiça der provimento a representação para assegurar a observância de princípios indicados na Constituição Estadual, ou para prover a execução de lei, de ordem ou de decisão judicial.

Art. 50. A decretação da intervenção dependerá:

I - no caso do art. 48, IV, de solicitação do Poder Legislativo ou do Poder Executivo coacto ou impedido, ou de requisição do Supremo Tribunal Federal, se a coação for exercida contra o Poder Judiciário;

II - no caso de desobediência a ordem ou decisão judiciária, de requisição do Supremo Tribunal Federal, do Superior Tribunal de Justiça ou do Tribunal Superior Eleitoral;

III - de provimento, pelo Supremo Tribunal Federal, de representação do Procurador-Geral da República, na hipótese do art. 48, VII, e no caso de recusa à execução de lei federal.

§ 1º - O decreto de intervenção, que especificará a amplitude, o prazo e as condições de execução e que, se couber, nomeará o interventor, será submetido à apreciação do Congresso Nacional ou da Assembleia Legislativa do Estado, no prazo de vinte e quatro horas.

§ 2º - Se não estiver funcionando o Congresso Nacional ou a Assembleia Legislativa, far-se-á convocação extraordinária, no mesmo prazo de vinte e quatro horas.

§ 3º - Nos casos do art. 48, VI e VII, ou do art. 35, IV, dispensada a apreciação pelo Congresso Nacional ou pela Assembleia Legislativa, o decreto limitar-se-á a suspender a execução do ato impugnado, se essa medida bastar ao restabelecimento da normalidade.

§ 4º - Cessados os motivos da intervenção, as autoridades afastadas de seus cargos a estes voltarão, salvo impedimento legal.

CAPÍTULO VII - DA ADMINISTRAÇÃO PÚBLICA

SEÇÃO I - DISPOSIÇÕES GERAIS

Art. 51. A administração pública direta e indireta de qualquer dos Poderes da União, dos Estados, do Distrito Federal e dos Municípios obedecerá aos princípios de legalidade, impessoalidade, moralidade, publicidade e eficiência e, também, ao seguinte:

I - os cargos, empregos e funções públicas são acessíveis aos brasileiros que preencham os requisitos estabelecidos em lei, assim como aos estrangeiros, na forma da lei;

II - é proibida a terceirização em qualquer de suas formas;

III -a investidura em cargo ou emprego público depende de aprovação prévia em concurso público de provas ou de provas e títulos, de acordo com a natureza e a complexidade do cargo ou emprego, observando-se modelo onde:

a) haja monopólio estatal da realização do concurso em todas as suas fases;

b) todos os concursos, em todos os entes da Federação e para todos os Poderes, sejam agregados em sistema único disponibilizado via internet;

c) as matérias sejam avaliadas uma a uma, em provas específicas, de forma independente de qualquer concurso e com cobrança de conteúdo extensa e aprofundada;

d) cada prova tenha custo independente e possa ser realizada múltiplas vezes;

e) haja múltiplas provas por matéria, de acordo com a demanda geral dos concursos nacionais;

f) exista padronização da pontuação entre todas as provas;

g) haja manutenção do melhor resultado obtido em cada matéria por período de 2 (dois) anos, a partir do qual sofrerá redução mensal progressiva, de acordo com a lei;

h) haja guarda prévia de títulos;

i) seja disponibilizado conhecimento sobre as vagas disponíveis em todos os concursos nacionais, assim como a possibilidade de inscrição, pagamento de taxas, agendamento de provas e o aproveitamento das notas já guardadas no sistema.

IV - o prazo de validade do concurso público será de até 2 (dois) anos, prorrogável uma vez, por igual período;

V - durante o prazo improrrogável previsto no edital de convocação, aquele aprovado em concurso público de provas ou de provas e títulos será convocado com prioridade sobre novos concursados para assumir cargo ou emprego, na carreira;

VI - os analfabetos e as pessoas em situação de rua poderão, a qualquer momento e de forma espontânea, independentemente de idade, sexo ou qualquer outro fator, ingressar em grupamento especial das Forças Armadas, criado por decreto do Presidente da República, a fim de receberem pelo período de 2 (dois) anos:

a) adestramento militar;

b) escolarização;

VII - o Conselho Popular Federal poderá constatar, por maioria absoluta, a situação de desigualdade de oportunidades em qualquer cargo público, restringindo o acesso futuro em concurso, por período de até 2 (dois) anos, podendo ser reeditado após 1 (um) ano, apenas às pessoas que atendam aos requisitos de sexo, etnia, raça ou condição social necessárias para solucionar a situação de desigualdade de oportunidades.

VIII - as funções de confiança, exercidas exclusivamente por servidores ocupantes de cargo efetivo, destinam-se apenas às atribuições de direção, chefia e assessoramento;

IX - o cargo de chefia de mais alto nível em cada órgão, entidade ou empresa será assumido por servidor público em exercício há mais de cinco anos, com comprovada experiência na área, ou três anos de trabalho naquele órgão, entidade ou empresa.

X - é garantido ao servidor público civil o direito à livre associação sindical;

XI - é garantido o direito de greve, que poderá sofrer limitações em lei complementar;

XII - a lei reservará percentual dos cargos e empregos públicos para as pessoas portadoras de deficiência ou pertencentes a grupos sociais sub-representados, definindo os critérios de sua admissão;

XIII - a lei estabelecerá os casos de contratação por tempo determinado para atender a necessidade temporária de excepcional interesse público, proibida para efeito de preenchimento temporário de cargos fixos vagos por omissão na realização de concursos públicos;

XIV - configura-se crime de responsabilidade a não realização de concurso público anual, e subsequente posse, para preenchimento de todas as vagas nas áreas de saúde, educação e segurança, sendo proibida a edição de lei que imponha qualquer limitação a essas contratações;

XV - a remuneração dos servidores públicos e o subsídio de que trata o § 4º do art. 53 somente poderão ser fixados ou alterados por lei específica, assegurada a revisão geral da remuneração dos servidores públicos, sem distinção de índices entre servidores públicos civis e militares, feita sempre na mesma data;

XVI - a remuneração e o subsídio dos ocupantes de cargos, funções e empregos públicos da administração direta, autárquica e fundacional, dos membros de qualquer dos Poderes da União, dos Estados, do Distrito Federal e dos Municípios, dos detentores de mandato eletivo e dos demais agentes políticos e os proventos, pensões ou outra espécie remuneratória, percebidos cumulativamente ou não, incluídas as vantagens pessoais ou de qualquer outra natureza, não poderão exceder 5 (cinco) vezes o piso salarial mensal, em espécie, da carreira de:

 a) Professor Federal, para a União;

 b) Professor Estadual, para os Estados e Distrito federal;

 c) Professor Municipal, para os Municípios;

XVII - O recebimento de valor acima desse teto será devolvido no prazo de 15 (quinze) dias, com cobrança de multa de 1% (um por cento) sobre os dias de atraso e considerado crime contra a administração pública sua retenção por prazo superior a 30 (trinta) dias.

57

XVIII - é proibida a vinculação ou equiparação de quaisquer espécies remuneratórias para o efeito de remuneração de pessoal do serviço público, ressalvado o disposto nesta Constituição;

XIX - os acréscimos pecuniários percebidos por servidor público não serão computados nem acumulados para fins de concessão de acréscimos ulteriores;

XX - o subsídio e os vencimentos dos ocupantes de cargos e empregos públicos são irredutíveis, ressalvado o disposto nos incisos XVI e XIX deste artigo e o efeito da cobrança de tributos;

XXI - é proibida a acumulação remunerada de cargos públicos, exceto, quando houver compatibilidade de horários, observado em qualquer caso o disposto no inciso XVI:

    a) a de dois cargos de professor;

    b) a de um cargo de professor com outro qualquer;

    c) a de dois cargos ou empregos privativos de profissionais de saúde, com profissões regulamentadas;

XXII - proibição de acumular estende-se a empregos e funções e abrange autarquias, fundações, empresas públicas, suas subsidiárias e sociedades controladas, direta ou indiretamente, pelo Poder Público;

XXIII - a administração fazendária e seus servidores fiscais terão, dentro de suas áreas de competência e jurisdição, precedência sobre os demais setores administrativos, na forma da lei;

XXIV - Somente por lei específica ou por decisão de 2/3 (dois terços) do Conselho Popular Federal poderá ser criada empresa pública, autarquia ou fundação pública;

XXV - o Conselho Popular Federal poderá, tendo ou não sido provocado e com apoio de 2/3 (dois terços) de seus membros, emitir permissão prévia para que sejam criadas empresas públicas sem edição de lei, em qualquer dos entes da Federação.

XXVI - depende de autorização legislativa, em cada caso, a criação de subsidiárias das entidades mencionadas no inciso anterior, assim como a participação de qualquer delas em empresa privada;

XXVII - ressalvados os casos em que não houver empresa pública disponível para a prestação do serviço e aqueles especificados na legislação, as obras, serviços, compras e alienações serão contratadas mediante processo de licitação pública que assegure igualdade de condições a todos os concorrentes, com cláusulas que estabeleçam obrigações de pagamento, mantidas as condições efetivas da proposta, nos termos da lei, o qual somente permitirá as exigências de qualificação técnica e econômica indispensáveis à garantia do cumprimento das obrigações.

XXVIII - autarquia federal especializada, com representação em todos os Estados e no Distrito Federal, realizará sozinha todas as etapas do processo licitatório;

XXIX - a Empresa Brasileira de Obras Públicas, empresa pública federal de construção civil, realizará todas as construções e grandes manutenções requisitadas pelo Poder Público, em todos os entes da Federação, observado que:

a) poderá requisitar auxílio técnico das equipes de engenharia das Forças Armadas, dependendo de aprovação do Presidente da República;

b) receberá investimento da União quando precisar desenvolver conhecimento para projetos que excedam sua capacidade atuação;

c) exclusivamente ações de cooperação com pessoas jurídicas internacionais permitirão a atuação de outras empresas de construção civil, com preferência garantida às cooperativas nacionais no processo de licitação.

d) poderá atuar no mercado de construção civil privada, desde que com preços mais elevados que a média de mercado a fim de preservar a atuação de cooperativas de construção civil brasileiras;

XXX - as administrações tributárias da União, dos Estados, do Distrito Federal e dos Municípios, atividades essenciais ao funcionamento do Estado, exercidas por servidores de carreiras específicas, terão recursos prioritários para a realização de suas atividades e atuarão de forma integrada, inclusive com o compartilhamento de cadastros e de informações fiscais, na forma da lei ou convênio.

§ 1º - A publicidade dos atos, programas, obras, serviços e campanhas dos órgãos públicos, gratuitamente veiculada nos meios de comunicação, deverá ter caráter educativo, informativo ou de orientação social, dela não podendo constar nomes, símbolos ou imagens que caracterizem promoção pessoal de autoridades ou servidores públicos.

§ 2º - A não observância do disposto nos incisos II, III e IV implicará a nulidade do ato e a punição da autoridade responsável, nos termos da lei.

§ 3º - A lei disciplinará as formas de participação do usuário na administração pública direta e indireta, regulando especialmente:

XXXI - as reclamações relativas à prestação dos serviços públicos em geral, asseguradas a manutenção de serviços de atendimento ao usuário e a avaliação periódica, externa e interna, da qualidade dos serviços;

XXXII - o acesso dos usuários a registros administrativos e a informações sobre atos de governo, observado o disposto no art. 5º, X e XXXIII;

XXXIII - a disciplina da representação contra o exercício negligente ou abusivo de cargo, emprego ou função na administração pública.

XXXIV - além dos mecanismos independentes de relacionamento entre o usuário e a administração pública direta e indireta, a autarquia federal receberá e encaminhará aos órgãos competentes reclamações e denúncias, nos termos da lei.

§ 4º - Os atos de improbidade administrativa importarão a suspensão dos direitos políticos, a perda da função pública, a indisponibilidade dos bens e o ressarcimento ao erário, na forma e gradação previstas em lei, sem prejuízo da ação penal cabível.

§ 5º - A lei estabelecerá os prazos de prescrição para ilícitos praticados por qualquer agente, servidor ou não, que causem prejuízos ao erário, ressalvadas as respectivas ações de ressarcimento.

§ 6º - As pessoas jurídicas de direito público e as de direito privado prestadoras de serviços públicos responderão pelos danos que seus agentes, nessa qualidade, causarem a terceiros, assegurado o direito de regresso contra o responsável nos casos de dolo ou culpa.

§ 7º - A lei disporá sobre os requisitos e as restrições ao ocupante de cargo ou emprego da administração direta e indireta que possibilite o acesso a informações privilegiadas.

§ 8º - A autonomia gerencial, orçamentária e financeira dos órgãos e entidades da administração direta e indireta poderá ser ampliada mediante contrato, a ser firmado entre seus administradores e o Poder Público, que tenha por objeto a fixação de metas de desempenho para o órgão ou entidade, cabendo à lei dispor sobre:

XXXV - o prazo de duração do contrato;

XXXVI - os controles e critérios de avaliação de desempenho, direitos, obrigações e responsabilidade dos dirigentes;

XXXVII - a remuneração do pessoal.

61

§ 9º - O disposto no inciso XVI aplica-se às empresas públicas e suas subsidiárias, que receberem recursos da União, dos Estados, do Distrito Federal ou dos Municípios para pagamento de despesas de pessoal ou de custeio em geral.

§ 10º - É proibida a percepção simultânea de proventos de aposentadoria com a remuneração de cargo, emprego ou função pública, ressalvados os cargos acumuláveis na forma desta Constituição e os cargos eletivos.

§ 11º - Não serão computadas, para efeito dos limites remuneratórios de que trata o inciso XVI do caput deste artigo, as parcelas de caráter indenizatório previstas em lei.

Art. 52. Ao servidor público da administração direta, autárquica e fundacional, no exercício de mandato eletivo, aplicam-se as seguintes disposições:

I - ficará afastado de seu cargo, emprego ou função;

II - em qualquer caso que exija o afastamento para o exercício de mandato eletivo, seu tempo de serviço será contado para todos os efeitos legais, exceto para promoção por merecimento;

III - para efeito de benefício previdenciário, no caso de afastamento, os valores serão determinados como se no exercício estivesse.

SEÇÃO II - DOS SERVIDORES PÚBLICOS

Art. 53. A União, os Estados, o Distrito Federal e os Municípios instituirão, no âmbito de sua competência, regime jurídico único estatutário e planos de carreira para os servidores da administração pública direta, das autarquias e das fundações públicas.

§ 1º - A fixação dos padrões de vencimento e dos demais componentes do sistema remuneratório observará:

I - a natureza, o grau de responsabilidade e a complexidade dos cargos componentes de cada carreira;

II - os requisitos para a investidura;

III - as peculiaridades dos cargos.

§ 2º - A União, os Estados e o Distrito Federal manterão escolas de governo para a formação e o aperfeiçoamento dos servidores públicos, constituindo-se a participação nos cursos um dos requisitos para a promoção na carreira, facultada, para isso, a celebração de convênios ou contratos entre os entes federados.

§ 3º - Aplica-se aos servidores ocupantes de cargo público o disposto no art. 10, IV, VI, VII, VIII, IX, XII, XIII, XV, XVI, XVII, XVIII, XIX, XX, XXII, XXIII e XXX.

§ 4º - O membro de Poder, o detentor de mandato eletivo, os Secretários de Estado, os Secretários Estaduais e Municipais serão remunerados exclusivamente por subsídio fixado em parcela única, proibido o acréscimo de qualquer gratificação, adicional, abono, prêmio, verba de representação ou outra espécie remuneratória, obedecido, em qualquer caso, o disposto no art. 51, XV e XVI.

§ 5º - Lei da União, dos Estados, do Distrito Federal e dos Municípios poderá estabelecer a relação entre a maior e a menor remuneração dos servidores públicos, obedecido, em qualquer caso, o disposto no art. 37, XVI.

§ 6º - Os Poderes Executivo, Legislativo, Judiciário e Popular publicarão mensalmente os valores do subsídio e da remuneração dos cargos e empregos públicos, assim como informações sobre os ganhos de todos os servidores da administração pública direta e indireta, das autarquias e das fundações públicas.

§ 7º - Lei da União, dos Estados, do Distrito Federal e dos Municípios disciplinará a aplicação de recursos orçamentários provenientes da economia com despesas correntes em cada órgão, autarquia e fundação, para aplicação no desenvolvimento de programas de qualidade e produtividade, treinamento e desenvolvimento, modernização, reaparelhamento e racionalização do serviço público, inclusive sob a forma de adicional ou prêmio de produtividade.

§ 8º - A remuneração dos servidores públicos organizados em carreira poderá ser fixada nos termos do § 4º.

Art. 54. O servidor, em regime de previdência contributivo e solidário, mediante contribuição do respectivo ente público e dos servidores ativos, será aposentado:

I - por invalidez permanente, sendo os proventos proporcionais ao tempo de contribuição, exceto se decorrente de acidente em serviço, moléstia profissional ou doença grave, contagiosa ou incurável, especificadas em lei, e proporcionais nos demais casos;

II - compulsoriamente, aos oitenta anos de idade, com proventos proporcionais ao tempo de serviço, permitida permanência após aprovação em exame médico;

III - voluntariamente:

a) aos 35 (trinta e cinco) anos de serviço, se homem, e aos trinta, se mulher, com proventos integrais;

b) aos trinta anos de efetivo exercício em funções de magistério, se professor, e vinte e cinco, se professora, com proventos integrais;

c) aos trinta anos de serviço, se homem, e aos vinte e cinco, se mulher, com proventos proporcionais a esse tempo;

d) aos 60 (sessenta) anos de idade com proventos proporcionais ao tempo de serviço.

§ 1º - Lei complementar poderá estabelecer exceções ao disposto no inciso III, a e c, no caso de exercício de atividades consideradas penosas, insalubres ou perigosas.

§ 2º - A lei disporá sobre a aposentadoria em cargos ou empregos temporários.

§ 3º - O tempo de serviço público federal, estadual ou municipal será computado integralmente para os efeitos de aposentadoria e de disponibilidade.

§ 4º - Os proventos de aposentadoria e as pensões, por ocasião de sua concessão, não poderão exceder a remuneração do respectivo servidor, no cargo efetivo em que se deu a aposentadoria ou que serviu de referência para a concessão da pensão.

§ 5º - Ressalvadas as aposentadorias decorrentes dos cargos acumuláveis na forma desta Constituição, é proibida a percepção de mais de uma aposentadoria à conta do regime de previdência previsto neste artigo.

§ 6º - É assegurado o reajustamento dos benefícios para preservar-lhes, em caráter permanente, o valor real, conforme critérios estabelecidos em lei.

§ 7º - A lei não poderá estabelecer qualquer forma de contagem de tempo de contribuição fictício.

§ 8º - Aplica-se o limite fixado no art. 51, XVI, à soma total dos proventos de inatividade, em todos os casos.

Art. 55. São estáveis após dois anos de efetivo exercício os servidores nomeados para cargo de provimento efetivo em virtude de concurso público.

§ 1º - O servidor público estável só perderá o cargo:

I - em virtude de sentença judicial transitada em julgado;

II - mediante processo administrativo em que lhe seja assegurada ampla defesa;

III - mediante procedimento de avaliação periódica de desempenho, na forma de lei complementar, assegurada ampla defesa.

§ 2º - Invalidada por sentença judicial a demissão do servidor estável, será ele reintegrado, e o eventual ocupante da vaga, se estável, reconduzido ao cargo de origem, sem direito a indenização, aproveitado em outro cargo ou posto em disponibilidade com remuneração proporcional ao tempo de serviço.

§ 3º - Extinto o cargo ou declarada a sua desnecessidade, o servidor estável ficará em disponibilidade, com remuneração proporcional ao tempo de serviço, até seu adequado aproveitamento em outro cargo.

§ 4º - Como condição para a aquisição da estabilidade, é obrigatória a avaliação especial de desempenho por comissão instituída para essa finalidade.

SEÇÃO III - DAS REGIÕES

Art. 56. Para efeitos administrativos, a União poderá articular sua ação em um mesmo complexo geoeconômico e social, visando a seu desenvolvimento e à redução das desigualdades regionais.

§ 1º - Lei complementar disporá sobre:

I - as condições para integração de regiões em desenvolvimento;

II - a composição dos organismos regionais que executarão, na forma da lei, os planos regionais, integrantes dos planos nacionais de desenvolvimento econômico e social, aprovados juntamente com estes.

§ 2° - Os incentivos regionais compreenderão, além de outros, na forma da lei:

I - igualdade de tarifas, fretes, seguros e outros itens de custos e preços de responsabilidade do Poder Público;

II - juros favorecidos para financiamento de atividades prioritárias;

III - isenções, reduções ou diferimento temporário de tributos federais devidos por pessoas físicas ou jurídicas;

IV - prioridade para o aproveitamento econômico e social dos rios e das massas de água represadas ou represáveis nas regiões de baixa renda, sujeitas a secas periódicas.

§ 3° - Nas áreas a que se refere o § 2°, IV, a União incentivará a recuperação de terras áridas e cooperará com os micro, pequenos e médios proprietários rurais para o estabelecimento, em suas glebas, de fontes de água e de pequena irrigação.

TÍTULO IV - DA ORGANIZAÇÃO DOS PODERES

CAPÍTULO I - DO PODER LEGISLATIVO

SEÇÃO I - DO CONGRESSO NACIONAL

Art. 57. O Poder Legislativo é exercido pelo Congresso Nacional, composto de representantes do povo, proibida qualquer restrição além daquelas presentes nesta Constituição, eleitos, pelo sistema majoritário, em cada Estado, em cada Território e no Distrito Federal.

§ 1º - Cada legislatura terá a duração de 5 (cinco) anos.

§ 2º - Os Estados, Territórios e o Distrito Federal elegerão 5 (cinco) Congressistas cada, sendo:

I -- 2 (dois) homens;

II -- 2 (duas) mulheres;

III -- 1 (um) representante de minoria, definidas pela Justiça Eleitoral com antecedência mínima de 1 (um) ano;

§ 3º - O Congressista com mais votos em cada Estado, Território ou Distrito Federal terá 1 (um) voto adicional em todas as votações do Congresso Nacional, assim como tempo adicional em discursos.

§ 4º - O Congressista que assumir qualquer outro cargo perderá seu mandato;

Em caso de vacância por morte, renúncia ou perda de mandato, serão realizadas novas eleições, com voto facultativo, em até 90 (noventa) dias.

§ 5º - As eleições para Congressista ocorrerão no primeiro domingo de outubro, sendo escolhido o mais idoso em caso de empate.

Art. 58. Cada Comissão Permanente do Congresso será composta por 5 (cinco) Comissários Legislativos, eleitos por voto facultativo no sistema majoritário, com mandato de 10 (dez) anos, compartilhando todos os direitos e deveres dos Congressistas que atuem em Comissão, observada:

I - proibição de filiação partidária enquanto durar o mandato;

II - obrigatoriedade de título de mestrado na área de trabalho da Comissão;

III - participação do mais idoso Comissário Legislativo em Comissão Especial que incorpore as competências da Comissão Permanente da qual faça parte.

IV - em caso de vacância, será chamado o próximo candidato mais votado no último processo eletivo;

§ 1º - A Comissão de Constituição e Justiça e de Cidadania será composta por 10 (dez) Comissários Legislativos;

§ 2º - Os Comissários Legislativos receberão o mesmo subsídio dos Congressistas.

Art. 59. Salvo disposição constitucional em contrário, as deliberações do Congresso e de suas Comissões serão tomadas por maioria absoluta dos votos.

SEÇÃO II - DAS ATRIBUIÇÕES DO CONGRESSO NACIONAL

Art. 60. Cabe ao Congresso Nacional dispor sobre todas as matérias de competência da União.

Art. 61. É da competência exclusiva do Congresso Nacional:

I - aprovar tratados internacionais, que seguirão para ratificação discricionária do Presidente da República;

II - autorizar o Presidente da República a declarar guerra, a celebrar a paz, a permitir que forças estrangeiras transitem pelo território nacional ou nele permaneçam temporariamente, ressalvados os casos previstos em lei complementar;

III - autorizar o Presidente da República, os Ministros de Estado e os Secretários de Estado a se ausentarem do País, quando a ausência exceder a quinze dias;

IV - aprovar o estado de defesa e a intervenção federal, autorizar o estado de sítio, ou suspender qualquer uma dessas medidas;

V - sustar os atos normativos do Poder Executivo que exorbitem do poder regulamentar ou dos limites de delegação legislativa;

VI - mudar temporariamente sua sede;

VII - o subsídio dos Congressistas será igual à média salarial da carreira de Professor Federal, observado o que dispõem os arts. 51, XVI, 53, § 4º, 220, II, 223, III, e 223, § 2º, I;

VIII - julgar anualmente as contas prestadas pelo Presidente da República e pelos os Ministros de Estado, assim como apreciar os relatórios sobre a execução dos planos de governo;

IX - fiscalizar e controlar os atos do Poder Executivo, incluídos os da administração indireta;

X - zelar pela preservação de sua competência legislativa em face da atribuição normativa dos outros Poderes;

XI - apreciar os atos de concessão e renovação de concessão de emissoras de rádio e televisão;

XII - escolher dois terços dos membros do Tribunal de Contas da União;

XIII - aprovar iniciativas do Poder Executivo referentes a atividades nucleares;

XIV - autorizar referendo especial e convocar plebiscito;

XV - autorizar, em terras indígenas, a exploração e o aproveitamento de recursos hídricos e a pesquisa e lavra de riquezas minerais;

XVI - aprovar, previamente, a alienação ou concessão de terras públicas com área superior a 1000 (mil) hectares.

XVII - autorizar, por 2/3 (dois terços) de seus membros, a instauração de processo contra o Presidente da República, os Ministros de Estado, Secretários de Estado e Conselheiros Federais;

XVIII - proceder à tomada de contas do Presidente da República e dos Ministros de Estado, quando não apresentadas ao Congresso Nacional dentro de 60 (sessenta) dias após a abertura da sessão legislativa;

XIX - após recebimento de relatório final produzido por Comissão Parlamentar de Inquérito que indique irregularidades, processar e julgar o Presidente da República, os Ministros de Estado e os Conselheiros Federais nos crimes de responsabilidade, bem como os Secretários de Estado e os Comandantes da Marinha, do Exército, da Aeronáutica e da Guarda Revolucionária nos crimes da mesma natureza conexos com aqueles;

XX - processar e julgar os Ministros do Supremo Tribunal Federal, os membros do Conselho Nacional de Justiça e do Conselho Nacional do Ministério Público, o Procurador-Geral da República e o Advogado-Geral da União nos crimes de responsabilidade;

XXI - aprovar previamente, por voto secreto, após arguição pública, a escolha de:

a) Magistrados, nos casos estabelecidos nesta Constituição;

b) Ministros do Tribunal de Contas da União indicados pela Conselho de Ministros;

c) Governador de Território;

d) Procurador-Geral da República;

e) titulares de outros cargos que a lei determinar;

XXII - aprovar previamente, após arguição em sessão secreta, a escolha dos chefes de missão diplomática de caráter permanente;

XXIII - autorizar operações externas de natureza financeira, de interesse da União, dos Estados, do Distrito Federal, dos Territórios e dos Municípios;

XXIV - fixar, por proposta do Ministro da Economia, limites globais para o montante da dívida consolidada da União, dos Estados, do Distrito Federal e dos Municípios;

XXV - dispor sobre limites globais e condições para as operações de crédito externo e interno da União, dos Estados, do Distrito Federal e dos Municípios, de suas autarquias e demais entidades controladas pelo Poder Público federal;

XXVI - dispor sobre limites e condições para a concessão de garantia da União em operações de crédito externo e interno;

XXVII - estabelecer limites globais e condições para o montante da dívida mobiliária dos Estados, do Distrito Federal e dos Municípios;

XXVIII - obrigatoriamente, no prazo de 72 (setenta e duas) horas, sob pena de responsabilidade, suspender a execução, no todo ou em parte, de lei declarada inconstitucional por decisão definitiva do Supremo Tribunal Federal;

XXIX - aprovar, por maioria absoluta, a exoneração, de ofício, do Procurador-Geral da República antes do término de seu mandato;

XXX - avaliar periodicamente a funcionalidade do Sistema Tributário Nacional, em sua estrutura e seus componentes, e o desempenho das administrações tributárias da União, dos Estados e do Distrito Federal e dos Municípios.

XXXI - elaborar seu regimento interno;

XXXII - dispor sobre sua organização, funcionamento, polícia, criação, transformação ou extinção dos cargos, empregos e funções de seus serviços, e a iniciativa de lei para fixação da respectiva remuneração, observados os parâmetros estabelecidos na lei de diretrizes orçamentárias;

Parágrafo único. Nos casos previstos nos incisos XIX e XX, funcionará como Presidente o do Supremo Tribunal Federal, limitando-se a condenação, que somente será proferida por 2/3 (dois terços) dos votos do Congresso Nacional confirmada por referendo especial com aprovação de 51% (cinquenta e um por cento) dos votos, à perda do cargo, com inabilitação, por dez anos, para o exercício de função pública, sem prejuízo das demais sanções judiciais cabíveis.

Art. 62. O Congresso Nacional, ou qualquer de suas Comissões, poderá convocar o Presidente da República, Ministro de Estado ou quaisquer titulares de órgãos diretamente subordinados a eles para prestarem, pessoalmente, informações sobre assunto previamente determinado, importando crime de responsabilidade a ausência sem justificação adequada.

§ 1º - O Presidente da República, os Ministros de Estado e os Secretários de Estado poderão comparecer ao Congresso Nacional, ou a qualquer de suas Comissões, por sua iniciativa e mediante entendimentos com a Mesa, para expor assunto de relevância de seu Ministério.

§ 2º - A Mesa do Congresso Nacional poderá encaminhar pedidos escritos de informações a qualquer das pessoas referidas no caput deste artigo, importando em crime de responsabilidade a recusa, ou o não-atendimento, no prazo de 30 (trinta) dias, bem como a prestação de informações falsas.

SEÇÃO III - DOS CONGRESSISTAS

Art. 63. Os Congressistas são invioláveis, civil e penalmente, por quaisquer de suas opiniões, palavras e votos.

§ 1º - Os Congressistas, desde a expedição do diploma, serão submetidos a julgamento perante o Supremo Tribunal Federal.

§ 2º - Desde a expedição do diploma, os membros do Congresso Nacional não poderão ser presos, salvo em flagrante de crime inafiançável. Nesse caso, os autos serão remetidos ao Congresso Nacional dentro de 24 (vinte e quatro) horas, para que, pelo voto da maioria de seus membros, resolva sobre a prisão.

§ 3º - Recebida a denúncia contra o Congressista, por crime ocorrido após a diplomação, o Supremo Tribunal Federal dará ciência ao Congresso Nacional, que, por iniciativa de partido político nele representado e pelo voto da maioria absoluta de seus membros, poderá, até a decisão final, sustar o andamento da ação.

§ 4º - O pedido de sustação será apreciado no prazo improrrogável de quinze dias do seu recebimento pela Mesa Diretora.

§ 5º - A sustação do processo suspende a prescrição, enquanto durar o mandato.

§ 6º - Os Congressistas não serão obrigados a testemunhar sobre informações recebidas ou prestadas em razão do exercício do mandato, nem sobre as pessoas que lhes confiaram ou deles receberam informações.

§ 7º - A incorporação às Forças Armadas de Congressistas, ainda que em tempo de guerra, dependerá de prévia licença.

§ 8º - As imunidades de Congressistas subsistirão durante o estado de sítio, só podendo ser suspensas mediante o voto de 2/3 (dois terços) dos membros, nos casos de atos praticados fora do recinto do Congresso Nacional, que sejam incompatíveis com a execução da medida.

Art. 64. Os Congressistas não poderão:

I - desde a expedição do diploma:

a) firmar ou manter contrato com pessoa jurídica de direito público, autarquia, empresa pública ou empresa concessionária de serviço público;

b) aceitar ou exercer cargo, função ou emprego remunerado, inclusive os de que sejam demissíveis "ad nutum", nas entidades constantes da alínea anterior;

II - desde a posse:

a) ser proprietários, controladores ou diretores de qualquer empresa ou nela exercer qualquer função;

b) aceitar ou exercer qualquer outro cargo, sob pena de perda de mandato;

c) patrocinar causa em que seja interessada qualquer das entidades a que se refere o inciso I, "a";

Art. 65. Perderá o mandato o Congressista:

I - que infringir qualquer das proibições estabelecidas no artigo anterior;

II - cujo procedimento for declarado incompatível com o decoro parlamentar;

III - que deixar de comparecer, em cada sessão legislativa, à 5º (quinta) parte das sessões ordinárias da Casa a que pertencer, salvo licença ou missão por esta autorizada;

IV - que perder ou tiver suspensos os direitos políticos;

V - quando o decretar a Justiça Eleitoral, nos casos previstos nesta Constituição;

VI - que sofrer condenação criminal em sentença transitada em julgado.

§ 1º - É incompatível com o decoro parlamentar, além dos casos definidos no regimento interno, o abuso das prerrogativas asseguradas a membro do Congresso Nacional ou a percepção de vantagens indevidas.

§ 2º - Nos casos dos incisos I, II e VI, a perda do mandato será decidida por maioria absoluta, mediante provocação da Mesa ou de partido político representado no Congresso Nacional, assegurada ampla defesa.

§ 3º - Nos casos previstos nos incisos III a V, a perda será declarada pela Mesa, de ofício ou mediante provocação de qualquer de seus membros, ou de partido político representado no Congresso Nacional, assegurada ampla defesa.

§ 4º - A renúncia de parlamentar submetido a processo que vise ou possa levar à perda do mandato, nos termos deste artigo, terá seus efeitos suspensos até as deliberações finais de que tratam os §§ 2º e 3º.

Art. 66. Não perderá o mandato o Congressista licenciado por motivo de doença, ou para tratar, sem remuneração, de interesse particular, desde que, neste caso, o afastamento não ultrapasse 120 (cento e vinte) dias por sessão legislativa.

SEÇÃO IV - DAS REUNIÕES

Art. 67. O Congresso Nacional reunir-se-á, anualmente, na Capital Federal, de 3 (três) de janeiro a 15 (quinze) de julho e de 1º (primeiro) de agosto a 22 (vinte e dois) de dezembro.

§ 1º - As reuniões marcadas para essas datas serão transferidas para o 1º (primeiro) dia útil subsequente, quando recaírem em sábados, domingos ou feriados.

§ 2º - A sessão legislativa não será interrompida sem a aprovação do projeto de lei de diretrizes orçamentárias.

§ 3º - O Congresso Nacional reunir-se-á em sessões preparatórias, a partir de 2 (dois) de janeiro, no primeiro ano da legislatura, para a posse de seus membros e eleição das respectivas Mesas, para mandato de 1 (um) ano, proibida a recondução para o mesmo cargo por duas eleições.

§ 4º - A convocação extraordinária do Congresso Nacional far-se-á:

I - pelo Presidente do Congresso Nacional, em caso de decretação de estado de defesa ou de intervenção federal, de pedido de autorização para a decretação de estado de sítio e para o compromisso e a posse do Presidente da República, dos Ministros de Estado e dos Conselheiros Federais;

II - pelo Presidente da República, pelo Presidente do Conselho Popular Federal, pelo Presidente do Congresso Nacional ou a requerimento da maioria dos membros, em caso de urgência ou interesse público relevante, em todas as hipóteses deste inciso com a aprovação da maioria absoluta do Congresso Nacional.

§ 5º - Na sessão legislativa extraordinária, o Congresso Nacional somente deliberará sobre a matéria para a qual foi convocado, proibido o pagamento de parcela indenizatória, em razão da convocação.

SEÇÃO V - DAS COMISSÕES

Art. 68. O Congresso Nacional terá comissões permanentes e temporárias, constituídas na forma e com as atribuições previstas no respectivo regimento ou no ato de que resultar sua criação.

§ 1º - Na constituição da Mesa e de cada Comissão, é assegurada, tanto quanto possível, a representação proporcional dos partidos ou dos blocos parlamentares, sendo obrigatória a participação de um Comissário Legislativo como membro da Mesa da Comissão da qual faça parte.

§ 2º - às comissões, em razão da matéria de sua competência, cabe:

I - realizar audiências públicas com entidades da sociedade civil;

II - convocar Ministros de Estado e Secretários de Estado para prestar informações sobre assuntos inerentes a suas atribuições;

III - receber petições, reclamações, representações ou queixas de qualquer pessoa contra atos ou omissões das autoridades ou entidades públicas;

IV - solicitar depoimento de qualquer autoridade ou cidadão;

V - apreciar programas de obras, planos nacionais, regionais e setoriais de desenvolvimento e sobre eles emitir parecer.

§ 3º - As comissões parlamentares de inquérito, que terão poderes de investigação próprios das autoridades judiciais, além de outros previstos no regimento interno, serão criadas, mediante requerimento de 1/3 (um terço) dos membros do Congresso Nacional, para a apuração de fato determinado e por prazo certo, sendo suas conclusões, se for o caso, encaminhadas ao Ministério Público, para que promova a responsabilidade civil ou criminal dos infratores.

§ 4º - Durante o recesso, haverá uma Comissão representativa do Congresso Nacional, eleita na última sessão ordinária do período legislativo, com atribuições definidas no regimento, cuja composição reproduzirá, quanto possível, a proporcionalidade da representação partidária.

SEÇÃO VI - DO PROCESSO LEGISLATIVO

SUBSEÇÃO I - DISPOSIÇÃO GERAL

Art. 69. O processo legislativo compreende a elaboração de:

I - emendas à Constituição;

II - leis complementares;

III - leis ordinárias;

IV - decretos legislativos;

V - resoluções.

Parágrafo único. Lei complementar disporá sobre a elaboração, redação, alteração e consolidação das leis.

SUBSEÇÃO II - DA EMENDA À CONSTITUIÇÃO

Art. 70. A Constituição poderá ser emendada mediante proposta:

I - da maioria dos membros do Congresso Nacional;

II - do Presidente da República;

III - dos Ministros de Estado;

IV - do Presidente do Conselho Popular Federal;

V - de 1/3 (um terço) das Assembleias Legislativas das unidades da Federação, manifestando-se, cada uma delas, pela maioria de seus membros.

§ 1º - A Constituição não poderá ser emendada na vigência de intervenção federal, de estado de defesa ou de estado de sítio.

§ 2º - A proposta será discutida e votada em 2 (dois) turnos, com interstício mínimo de 30 (trinta) dias, considerando-se aprovada se obtiver maioria absoluta dos votos.

§ 3º - A emenda à Constituição será remetida ao Conselho Popular Federal, para que a submeta ao processo de referendo popular.

§ 4º - Não será objeto de deliberação a proposta de emenda tendente a abolir:

I - a forma federativa de Estado;

II - o voto direto, secreto, universal e periódico;

III - o referendo popular;

IV - a separação dos Poderes;

V - os direitos e garantias individuais;

VI - o sistema socialista e a predominância do domínio dos meios de produção por cooperativas;

§ 5º - A matéria constante de proposta de emenda rejeitada ou havida por prejudicada não pode ser objeto de nova proposta na mesma sessão legislativa.

SUBSEÇÃO III - DAS LEIS

Art. 71. A iniciativa das leis complementares e ordinárias cabe a qualquer membro ou Comissão do Congresso Nacional, incluindo os Comissários Legislativos, ao Presidente da República, aos Ministros de Estado, ao Presidente do Conselho Popular Federal, ao Supremo Tribunal Federal, aos Tribunais Superiores, ao Procurador-Geral da República e aos cidadãos, na forma e nos casos previstos nesta Constituição.

§ 1º - O Presidente da República, os Ministros de Estado, o Presidente do Conselho Popular Federal, o Presidente do Supremo Tribunal Federal e o Procurador-Geral da República poderão solicitar urgência para apreciação de projetos de sua iniciativa;

§ 2° - O Presidente do Conselho Popular Federal poderá solicitar urgência para apreciação de qualquer projeto em tramitação no Congresso Nacional;

§ 3° - Se, no caso do § 1° e 2°, o Congresso não se manifestar sobre a proposição em até 45 (quarenta e cinco) dias, sobrestar-se-ão todas as demais deliberações legislativas, com exceção das que tenham prazo constitucional determinado, até que se ultime a votação, sendo que prazos não correm nos períodos de recesso do Congresso Nacional, nem se aplicam aos projetos de código.

§ 4° - A iniciativa popular pode ser exercida pela apresentação ao Congresso Nacional de projeto de lei subscrito por, no mínimo, 1% (um por cento) do eleitorado nacional.

Art. 72. Não será admitido aumento da despesa prevista nos projetos sobre organização dos serviços administrativos do Congresso Nacional, dos Tribunais Federais e do Ministério Público.

Art. 73. Os projetos de lei serão votados em 1 (um) só turno de discussão e votação, com interstício de 15 (quinze) dias entre essas etapas, e, caso aprovados com maioria absoluta, enviados ao Conselho Popular Federal para que sejam submetidos ao processo de referendo popular.

Art. 74. A matéria constante de projeto de lei rejeitado somente poderá constituir objeto de novo projeto, na mesma sessão legislativa, mediante proposta da maioria absoluta dos membros do Congresso Nacional.

Art. 75. O Conselho Popular Federal, com aprovação de 2/3 (dois terços), poderá enviar ao Congresso projetos que versem sobre qualquer tema permitido por esta Constituição.

Art. 76. As leis complementares serão aprovadas por 2/3 (dois terços) dos votos de todos os membros.

SEÇÃO VII - DA FISCALIZAÇÃO CONTÁBIL, FINANCEIRA E ORÇAMENTÁRIA

Art. 77. A fiscalização contábil, financeira, orçamentária, operacional e patrimonial da União e das entidades da administração direta e indireta, quanto à legalidade, legitimidade, economicidade, aplicação das subvenções e renúncia de receitas, será exercida pelo Congresso Nacional, mediante controle externo, e pelo sistema de controle interno de cada Poder.

Parágrafo único. Prestará contas qualquer pessoa física ou jurídica, pública ou privada, que utilize, arrecade, guarde, gerencie ou administre dinheiros, bens e valores públicos ou pelos quais a União responda, ou que, em nome desta, assuma obrigações de natureza pecuniária.

Art. 78. O controle externo, a cargo do Congresso Nacional, será exercido com o auxílio do Tribunal de Contas da União, ao qual compete:

I - apreciar as contas prestadas anualmente pelo Presidente da República e Ministros de Estado, mediante parecer prévio que deverá ser elaborado em 60 (sessenta) dias a contar de seu recebimento;

II - julgar as contas dos administradores e demais responsáveis por dinheiros, bens e valores públicos da administração direta e indireta, incluídas as fundações e sociedades instituídas e mantidas pelo Poder Público federal, e as contas daqueles que derem causa a perda, extravio ou outra irregularidade de que resulte prejuízo ao erário público;

III - apreciar, para fins de registro, a legalidade dos atos de admissão de pessoal, a qualquer título, na administração direta e indireta, incluídas as fundações instituídas e mantidas pelo Poder Público bem como a das concessões de aposentadorias, reformas e pensões, ressalvadas as melhorias posteriores que não alterem o fundamento legal do ato concessório;

IV - realizar, por iniciativa própria, do Congresso Nacional, de Comissão técnica ou de inquérito, inspeções e auditorias de natureza contábil, financeira, orçamentária, operacional e patrimonial, nas unidades administrativas dos Poderes Legislativo, Executivo, Judiciário e Popular, e demais entidades referidas no inciso II;

V - fiscalizar as contas nacionais das empresas supranacionais de cujo capital social a União participe, de forma direta ou indireta, nos termos do tratado constitutivo;

VI - fiscalizar a aplicação de quaisquer recursos repassados pela União mediante convênio, acordo, ajuste ou outros instrumentos congêneres, a Estado, ao Distrito Federal ou a Município;

VII - prestar as informações solicitadas pelo Congresso Nacional, por qualquer das respectivas Comissões, sobre a fiscalização contábil, financeira, orçamentária, operacional e patrimonial e sobre resultados de auditorias e inspeções realizadas;

VIII - aplicar aos responsáveis, em caso de ilegalidade de despesa ou irregularidade de contas, as sanções previstas em lei, que estabelecerá, entre outras cominações, multa proporcional ao dano causado ao erário;

IX - assinar prazo para que o órgão ou entidade adote as providências necessárias ao exato cumprimento da lei, se verificada ilegalidade;

X - sustar, se não atendido, a execução do ato impugnado, comunicando a decisão ao Congresso Nacional;

XI - representar ao Poder competente sobre irregularidades ou abusos apurados.

§ 1º - No caso de contrato, o ato de sustação será adotado diretamente pelo Congresso Nacional, que solicitará, de imediato, ao Poder Executivo as medidas cabíveis.

§ 2º - Se o Congresso Nacional ou o Poder Executivo, no prazo de 90 (noventa) dias, não efetivar as medidas previstas no parágrafo anterior, o Tribunal decidirá a respeito.

§ 3º - As decisões do Tribunal de que resulte imputação de débito ou multa terão eficácia de título executivo.

§ 4º - O Tribunal encaminhará ao Congresso Nacional, trimestral e anualmente, relatório de suas atividades.

Art. 79. A Comissão permanente a que se refere o art. 235, §1º, I, diante de indícios de despesas não autorizadas, ainda que sob a forma de investimentos não programados ou de subsídios não aprovados, poderá solicitar à autoridade governamental responsável que, no prazo de 5 (cinco) dias, preste os esclarecimentos necessários.

§ 1º - Não prestados os esclarecimentos, ou considerados estes insuficientes, a Comissão solicitará ao Tribunal pronunciamento conclusivo sobre a matéria, no prazo de 30 (trinta dias).

§ 2º - Entendendo o Tribunal irregular a despesa, a Comissão, se julgar que o gasto possa causar dano irreparável ou grave lesão à economia pública, proporá ao Congresso Nacional sua sustação.

Art. 80. O Tribunal de Contas da União, integrado por nove Ministros, tem sede no Distrito Federal, quadro próprio de pessoal e jurisdição em todo o território nacional, exercendo, no que couber, as atribuições previstas no art. 148.

§ 1º - Os Ministros do Tribunal de Contas da União serão nomeados dentre brasileiros que satisfaçam os seguintes requisitos:

I - mais de 35 (trinta e cinco) e menos de 65 (sessenta e cinco) anos de idade;

II - idoneidade moral e reputação ilibada;

III - notórios conhecimentos jurídicos, contábeis, econômicos e financeiros ou de administração pública;

IV - mais de 10 (dez) anos de exercício de função ou de efetiva atividade profissional que exija os conhecimentos mencionados no inciso anterior.

§ 2º - Os Ministros do Tribunal de Contas da União serão escolhidos:

V - 1/3 (um terço) pelo Conselho de Ministros, com aprovação do Congresso Nacional, sendo 2 (dois) alternadamente dentre auditores e membros do Ministério Público junto ao Tribunal, indicados em lista tríplice pelo Tribunal, segundo os critérios de antiguidade e merecimento;

VI — 2/3 (dois terços) pelo Congresso Nacional.

§ 3º - Os Ministros do Tribunal de Contas da União terão as mesmas garantias, prerrogativas, impedimentos, vencimentos e vantagens dos Ministros do Superior Tribunal de Justiça, aplicando-se-lhes, quanto à aposentadoria e pensão, as normas constantes do art. 54.

§ 4º - O auditor, quando em substituição a Ministro, terá as mesmas garantias e impedimentos do titular e, quando no exercício das demais atribuições da judicatura, as de juiz de Tribunal Regional Federal.

Art. 81. Os Poderes Legislativo, Executivo, Judiciário e Popular manterão, de forma integrada, sistema de controle interno com a finalidade de:

I - avaliar o cumprimento das metas previstas no plano plurianual, a execução dos programas de governo e dos orçamentos da União;

II - comprovar a legalidade e avaliar os resultados, quanto à eficácia e eficiência, da gestão orçamentária, financeira e patrimonial nos órgãos e entidades da administração federal, bem como da aplicação de recursos públicos por entidades de direito privado;

III - exercer o controle das operações de crédito, avais e garantias, bem como dos direitos e haveres da União;

IV - apoiar o controle externo no exercício de sua missão institucional.

§ 1º - Os responsáveis pelo controle interno, ao tomarem conhecimento de qualquer irregularidade ou ilegalidade, dela darão ciência ao Tribunal de Contas da União, sob pena de responsabilidade solidária.

§ 2º - Qualquer cidadão, partido político, associação ou sindicato é parte legítima para, na forma da lei, denunciar irregularidades ou ilegalidades perante o Tribunal de Contas da União.

Art. 82. As normas estabelecidas nesta seção aplicam-se, no que couber, à organização, composição e fiscalização dos Tribunais de Contas dos Estados e do Distrito Federal, bem como dos Tribunais e Conselhos de Contas dos Municípios.

Parágrafo único. As Constituições estaduais disporão sobre os Tribunais de Contas respectivos, que serão integrados por sete Conselheiros.

CAPÍTULO II – DO PODER EXECUTIVO

SEÇÃO I - DA COMPOSIÇÃO DO PODER EXECUTIVO

Art. 83. O Poder Executivo terá como órgão de cúpula o Conselho de Ministros, que elaborará seu regimento interno e será presidido pelo Presidente da República.

Art. 84. O Conselho de Ministros é composto pelo:

I -Presidente da República, auxiliado pelos Secretários de Estado de:

    a) Comércio Exterior;

    b) Defesa;

    c) Relações Exteriores;

    d) Serviço Secreto;

    e) Turismo;

II - Ministro da Agricultura, Pecuária, Abastecimento;

III -Ministro da Aviação Civil;

IV -Ministro da Ciência, Tecnologia e Inovação;

V -Ministro das Comunicações;

VI -Ministro da Cultura;

VII -Ministro de Direitos Humanos;

VIII -Ministro da Economia;

IX -Ministro da Educação;

X -Ministro de Empresas Públicas;

XI -Ministro do Esporte;

XII -Ministro da Indústria e Comércio;

XIII -Ministro da Justiça;

XIV -Ministro do Meio Ambiente;

XV -Ministro de Minas e Energia;

XVI -Ministro do Planejamento;

XVII -Ministro da Previdência Social;

XVIII -Ministro da Reforma Agrária e Urbana;

XIX -Ministro da Saúde;

XX -Ministro do Trabalho;

XXI -Ministro dos Transportes Terrestres e Navais;

§ 1º - O Secretário de Serviço Secreto coordenará todas as ações de espionagem realizadas no País, sendo pessoalmente responsabilizado em caso de violação de direitos humanos.

§ 2º - O Ministro de Direitos Humanos tem acesso irrestrito a todos os documentos sob guarda do Poder Público, incluindo Ministérios e Secretarias, o Poder Legislativo, Popular e Judiciário, sem exceções.

§ 3º - A cada Ministro será permitido fazer, com aprovação de maioria simples do Congresso, uma única indicação política por órgão ou entidade sob sua responsabilidade.

SEÇÃO II - DAS ATRIBUIÇÕES DO PRESIDENTE DA REPÚBLICA

Art. 85.   Compete privativamente ao Presidente Da República:

I - nomear e exonerar os Secretários de Estado sob sua responsabilidade;

II - exercer o cargo de Presidente do Conselho de Ministros;

III - iniciar o processo legislativo, excetuadas matérias de competência exclusiva do Congresso Nacional;

IV - no âmbito de suas responsabilidades, dispor, mediante decreto, sobre:

a) administração e funcionamento dos órgãos públicos, quando não implicar aumento de despesa nem criação ou extinção dos mesmos;

b) extinção de funções ou cargos públicos, quando vagos;

V - conferir condecorações e distinções honoríficas;

VI - manter relações com Estados estrangeiros e acreditar seus representantes diplomáticos;

VII - celebrar tratados, convenções e atos internacionais, sujeitos a aprovação do Congresso Nacional e referendo popular;

VIII - decretar o estado de defesa e o estado de sítio;

IX - decretar e executar a intervenção federal;

X - apresentar pessoalmente seu plano de governo ao Congresso Nacional por ocasião da abertura da sessão legislativa, expondo a situação do País e solicitando as providências que julgar necessárias;

XI - exercer o comando supremo das Forças Armadas, nomear os Comandantes da Marinha, do Exército, Aeronáutica e Guarda Revolucionária, promover seus oficiais-generais e nomeá-los para os cargos que lhes são privativos;

XII - convocar e presidir o Conselho de Defesa Nacional;

XIII - declarar guerra, no caso de agressão estrangeira, autorizado pelo Congresso Nacional ou referendado por ele, quando ocorrida no intervalo das sessões legislativas, e, nas mesmas condições, decretar, total ou parcialmente, a mobilização nacional;

XIV - celebrar a paz, autorizado ou com o referendo do Congresso Nacional;

XV - permitir, nos casos previstos em lei complementar, que forças estrangeiras transitem pelo território nacional ou nele permaneçam temporariamente;

XVI - prestar anualmente ao Congresso Nacional, dentro de 60 (sessenta) dias após a abertura da sessão legislativa, as contas referentes ao exercício anterior;

XVII - prover e extinguir os cargos públicos federais sob sua responsabilidade, na forma da lei;

XVIII - exercer outras atribuições previstas nesta Constituição e na forma da lei.

§ 1º - O Presidente da República poderá delegar as atribuições mencionadas nos incisos IV e XVII, primeira parte, aos Secretários de Estado, que observarão os limites traçados nas respectivas delegações.

§ 2º - A Secretarias de Defesa e de Serviço Secreto serão comandadas por civis sem vínculo formal anterior com instituições militares.

§ 3º - A Secretaria de Serviço Secreto prestará informações completas sobre qualquer tema de sua responsabilidade, independente de nível de sigilo, sempre que solicitada pelo Presidente da República, Presidente do Conselho Popular Federal, Presidente do Congresso Nacional ou pela Justiça.

§ 4º - É proibida ao Presidente da República a criação de novas Secretarias além daquelas estabelecidas nesta Constituição.

Art. 86. O Presidente da República desenvolverá políticas de integração nacional, como:

I - formulação dos planos e programas regionais de desenvolvimento;

II - estabelecimento de estratégias de integração das economias regionais;

III - estabelecimento das diretrizes e prioridades na aplicação dos recursos de Fundo de Desenvolvimento da Amazônia e do Nordeste;

IV - estabelecimento de normas para cumprimento dos programas de financiamento dos fundos constitucionais e das programações orçamentárias dos fundos de investimentos regionais;

V - acompanhamento e avaliação dos programas integrados de desenvolvimento nacional;

VI - defesa civil;

VII - obras contra as secas e de infraestrutura hídrica;

VIII - formulação e condução da política nacional de irrigação;

IX - ordenação territorial;

X - obras públicas em faixas de fronteiras;

SEÇÃO III - DAS ATRIBUIÇÕES DOS MINISTROS DE ESTADO

Art. 87. É responsabilidade dos Ministros de Estado:

I - exercer a orientação, coordenação e supervisão dos órgãos e entidades da administração federal na área de sua competência;

II - expedir instruções para a execução das leis, decretos e regulamentos;

III - praticar os atos pertinentes às atribuições atribuídas por esta Constituição;

IV - iniciar o processo legislativo, exceto quando houver competência exclusiva do Congresso nacional;

V - dispor, mediante decreto, sobre:

  a) organização e funcionamento dos órgãos da administração federal sob sua responsabilidade, quando não implicar aumento de despesa nem criação ou extinção de órgãos públicos;

  b) extinção de funções ou cargos públicos nos órgãos da administração federal sob sua responsabilidade, quando vagos;

VI -_apresentar pessoalmente seu plano de governo ao Congresso Nacional por ocasião da abertura da sessão legislativa, expondo a situação de seu Ministério e solicitando as providências que julgar necessárias;

VII - prestar, anualmente, ao Congresso Nacional, dentro de 60 (sessenta) dias após a abertura da sessão legislativa, as contas referentes ao exercício anterior;

VIII - prover e extinguir os cargos públicos federais sob sua responsabilidade, na forma da lei;

IX - participar das reuniões do Conselho de Ministro.

X -criar canal de televisão para divulgação de suas atividades, formação sobre o tema e espaço para discussão entre especialistas e populares.

XI - adotar orçamento participativo de acordo com a determinação do Conselho de Ministros;

XII - exercer outras atribuições previstas nesta Constituição e em lei.

SUBSEÇÃO I - DO MINISTÉRIO DA AGRICULTURA, PECUÁRIA E ABASTECIMENTO

Art. 88. O Ministério tem em sua área de competência:

I - reforma agrária;

II - promoção do desenvolvimento sustentável do segmento rural constituído pelos agricultores familiares;

III - política agrícola, abrangendo produção e comercialização, abastecimento, armazenagem e garantia de preços acessíveis;

IV - controle de preços máximos e racionalização de lucros;

V - produção e fomento agropecuário, inclusive das atividades da heveicultura;

VI - mercado, comercialização e abastecimento agropecuário, inclusive estoques reguladores e estratégicos;

VII - informação agrícola;

VIII - defesa sanitária animal e vegetal;

IX - fiscalização dos insumos utilizados nas atividades agropecuárias e da prestação de serviços no setor;

X - classificação e inspeção de produtos e derivados animais e vegetais, inclusive em ações de apoio às atividades exercidas pelo Ministério da Economia, relativamente ao comércio exterior;

XI - proteção, conservação e manejo do solo, voltados ao processo produtivo agrícola e pecuário;

XII - pesquisa tecnológica em agricultura e pecuária;

XIII - meteorologia e climatologia;

XIV - cooperativismo e associativismo rural;

XV - energização rural, agroenergia, inclusive eletrificação rural e energias renováveis;

XVI - assistência técnica e extensão rural;

XVII - política relativa a produtos específicos, incluindo o café, açúcar e álcool;

XVIII - planejamento e exercício da ação governamental nas atividades do setor agroindustrial canavieiro;

XIX - política nacional pesqueira e aquícola, abrangendo produção, transporte, beneficiamento, transformação, comercialização, abastecimento e armazenagem;

XX - fomento da produção pesqueira e aquícola;

XXI - implantação de infraestrutura de apoio à produção, ao beneficiamento e à comercialização do pescado e de fomento à pesca e à aquicultura;

XXII - organização e manutenção do Registro Geral da Pesca;

XXIII - sanidade pesqueira e aquícola;

XXIV -normatização das atividades de aquicultura e pesca;

XXV - fiscalização das atividades de aquicultura e pesca, no âmbito de suas atribuições e competências;

XXVI - decidir sobre a posse de propriedade rural a pessoa física estrangeira;

SUBSEÇÃO II - DO MINISTÉRIO DA AVIAÇÃO CIVIL

Art. 89. O Ministério tem em sua área de competência:

I - política nacional de transportes aéreos;

II -aviação civil e infraestruturas aeroportuária e de aeronáutica civil, em articulação, no que couber, com o Ministério da Defesa;

III - política de regulação de veículos aéreos não tripulados civis.

SUBSEÇÃO III - DO MINISTÉRIO DA CIÊNCIA, TECNOLOGIA E INOVAÇÃO

Art. 90. O Ministério tem em sua área de competência:

I - políticas nacionais de pesquisa científica e tecnológica e de incentivo à inovação;

II - planejamento, coordenação, supervisão e controle das atividades de ciência, tecnologia e inovação;

III - política de desenvolvimento de informática e automação;

IV - política nacional de biossegurança;

V - política espacial;

VI - política nuclear;

VII - controle da exportação de bens e serviços sensíveis;

VIII - articulação com os governos dos Estados, do Distrito Federal e dos Municípios, com a sociedade civil e com outros órgãos do Governo Federal no estabelecimento de diretrizes para as políticas nacionais de ciência, tecnologia e inovação;

SUBSEÇÃO IV - DO MINISTÉRIO DAS COMUNICAÇÕES

Art. 91. O Ministério tem em sua área de competência:

I - política nacional de telecomunicações;

II - política nacional de radiodifusão;

III - serviços postais, telecomunicações e radiodifusão;

SUBSEÇÃO V - DO MINISTÉRIO DA CULTURA

Art. 92. O Ministério tem em sua área de competência:

I - política nacional de cultura;

II - proteção do patrimônio histórico e cultural;

III - delimitação das terras dos remanescentes das comunidades dos quilombos, bem como determinação de suas demarcações, que serão homologadas mediante decreto.

SUBSEÇÃO VI - DO MINISTÉRIO DE DIREITOS HUMANOS

Art. 93. O Ministério tem em sua área de competência:

I - formulação de políticas e diretrizes voltadas à promoção dos direitos da cidadania, da criança, do adolescente, do idoso e das minorias e à defesa dos direitos das pessoas com deficiência e à promoção da sua integração à vida comunitária;

II - articulação de iniciativas e apoio a projetos voltados à proteção e à promoção dos direitos humanos em âmbito nacional, tanto por organismos governamentais, incluindo os Poderes Executivo, Legislativo e Judiciário, quanto por organizações da sociedade;

III - exercício da função de ouvidoria nacional de direitos humanos, da criança, do adolescente, do idoso e das minorias;

IV - atuação em favor da ressocialização e da proteção dos dependentes químicos;

V - formulação, coordenação, definição de diretrizes e articulação de políticas para as mulheres;

VI - formulação, coordenação, definição de diretrizes e articulação de políticas para a promoção da igualdade racial;

VII - formulação, coordenação e avaliação das políticas públicas afirmativas de promoção da igualdade e da proteção dos direitos de indivíduos e grupos raciais e étnicos, com ênfase na população negra, afetados por discriminação racial e demais formas de intolerância;

VIII - articulação, promoção e acompanhamento da execução dos programas de cooperação com organismos nacionais e internacionais, públicos e privados, voltados à implementação da promoção da igualdade racial;

IX - formulação, coordenação e acompanhamento das políticas transversais de governo para a promoção da igualdade racial;

X - planejamento, coordenação da execução e avaliação do Programa Nacional de Ações Afirmativas;

XI - acompanhamento da implementação de legislação de ação afirmativa e definição de ações públicas que visem ao cumprimento de acordos, convenções e outros instrumentos congêneres firmados pelo País, nos aspectos relativos à promoção da igualdade e ao combate à discriminação racial ou étnica;

XII - formulação, supervisão, coordenação, integração e articulação de políticas públicas para a juventude;

XIII - articulação, promoção e execução de programas de cooperação com organismos nacionais e internacionais, públicos e privados, voltados à implementação de políticas de juventude.

XIV - investigar, junto aos órgãos competentes, violações de direitos humanos, encaminhando-as ao Ministério Público;

SUBSEÇÃO VII - DO MINISTÉRIO DA ECONOMIA

Art. 94. O Ministério tem em sua área de competência:

I - moeda, crédito, instituições financeiras, capitalização, poupança popular, seguros privados e previdência privada aberta;

II - política, administração, fiscalização e arrecadação tributária e aduaneira;

III - administração financeira e contabilidade públicas;

IV - administração das dívidas públicas interna e externa;

V - negociações econômicas e financeiras com governos, organismos multilaterais e agências governamentais;

VI - preços em geral e tarifas públicas e administradas;

VII - fiscalização e controle do comércio exterior;

VIII - realização de estudos e pesquisas para acompanhamento da conjuntura econômica;

IX - autorização, ressalvadas as competências do Conselho Monetário Nacional:

  a) da distribuição gratuita de prêmios a título de propaganda quando efetuada mediante sorteio, vale-brinde, concurso ou operação assemelhada;

  b) das operações de consórcio, fundo mútuo e outras formas associativas assemelhadas, que objetivem a aquisição de bens de qualquer natureza;

  c) da venda ou promessa de venda de mercadorias a varejo, mediante oferta pública e com recebimento antecipado, parcial ou total, do respectivo preço;

  d) da venda ou promessa de venda de direitos e organização de serviços de qualquer natureza;

  e) de qualquer outra modalidade de captação antecipada de poupança popular, mediante promessa de contraprestação em bens, direitos ou serviços de qualquer natureza;

f) da exploração de loterias e outras modalidades de loterias realizadas por entidades promotoras de corridas de cavalos;

X - Escolha do Presidente e dos diretores do Banco Central

Art. 95. É obrigatório aos candidatos ao cargo de Ministro da Economia título de bacharel em economia e de pós-graduação, em sentido amplo ou estrito, em economia marxista.

Art. 96. A União terá como meta lastrear toda sua economia em metais preciosos, realizando política de compra e estocagem de recursos preciosos, eliminando progressivamente qualquer lastro em moeda estrangeira.

SUBSEÇÃO VIII - DO MINISTÉRIO DA EDUCAÇÃO

Art. 97. O Ministério tem em sua área de competência:

I - política nacional de educação;

II - educação infantil;

III - educação em geral, compreendendo ensino fundamental, ensino médio, ensino superior, educação de jovens e adultos, educação profissional, educação especial e educação a distância, exceto ensino militar;

IV - avaliação, informação e pesquisa educacional;

V - pesquisa e extensão universitária;

VI - magistério;

VII - assistência financeira a famílias carentes para a escolarização de seus filhos ou dependentes;

VIII - recrutar e treinar as polícias escolares e polícias universitárias.

SUBSEÇÃO IX - DO MINISTÉRIO DE EMPRESAS PÚBLICAS

Art. 98. O Ministério tem em sua área de competência:

I - políticas gerais de empresas públicas;

II - políticas de redução de dependência de empresas privadas em serviços públicos;

III - políticas de substituição de importações por meio de empresas estatais;

IV - gestão superior das empresas públicas de:

a) engenharia aeroespacial;

b) construção naval;

c) fabricação de trens;

d) Fabricação de veículos, incluindo carros, caminhões e tratares;

e) equipamento bélico;

f) eletrodomésticos;

g) equipamentos computacionais;

h) programas computacionais;

i) processamento de alimentos;

j) produção de fármacos;

k) produção de equipamentos hospitalares de alta complexidade;

l) extração mineral e petrolífera;

m) Indústria de transformação;

n) construção civil.

XI - esta Constituição cria as empresas públicas citadas no inciso anterior, no caso de inexistência;

XII - poderão existir quantas empresas estatais forem necessárias em cada ramo, tendo em vista o interesse nacional e as necessidades do povo;

XIII - a União, os Estados, o Distrito Federal e os Municípios poderão, caso provocados e com apoio unânime de seus membros, estatizar cooperativa após aprovação pelo Ministério das Empresas Públicas;

XIV - esta Constituição e as leis determinarão os casos de estatização de empresas privadas em interesse da coletividade, sendo o processo sempre acompanhado por este Ministério;

SUBSEÇÃO X - DO MINISTÉRIO DO ESPORTE

Art. 99. O Ministério tem em sua área de competência:

I - política nacional de desenvolvimento da prática dos esportes;

II - intercâmbio com organismos públicos e privados, nacionais, internacionais e estrangeiros, voltados à promoção do esporte;

III - estímulo às iniciativas públicas e privadas de incentivo às atividades esportivas;

IV - planejamento, coordenação, supervisão e avaliação dos planos e programas de incentivo aos esportes e de ações de democratização da prática esportiva e inclusão social por intermédio do esporte;

SUBSEÇÃO XI - DO MINISTÉRIO DA INDÚSTRIA E COMÉRCIO

Art. 100. O Ministério tem em sua área de competência:

I - política de desenvolvimento da indústria, do comércio e dos serviços;

II - propriedade intelectual e transferência de tecnologia;

III - metrologia, normalização e qualidade industrial;

IV - execução das atividades de registro do comércio;

SUBSEÇÃO XII - DO MINISTÉRIO DA JUSTIÇA

Art. 101. O Ministério tem em sua área de competência:

I - defesa da ordem jurídica, dos direitos políticos, direitos humanos e das garantias constitucionais;

II - política judiciária;

III - direitos dos índios;

IV - entorpecentes, segurança pública, Polícia Federal, Polícia de Fronteiras e Portos, Polícia Rodoviária Federal, Polícia Ferroviária Federal, Polícia Cibernética Federal e do Distrito Federal;

V - defesa da ordem econômica nacional e dos direitos do consumidor;

VI - planejamento, coordenação e administração da política penitenciária nacional;

VII - nacionalidade, imigração e estrangeiros;

VIII - ouvidoria-geral dos índios e do consumidor;

IX - ouvidoria das polícias federais;

X - assistência jurídica, judicial e extrajudicial, integral e gratuita;

XI - defesa dos bens e dos próprios da União e das entidades integrantes da Administração Pública Federal indireta;

XII - articulação, coordenação, supervisão, integração e proposição das ações do Governo e do Sistema Nacional de Políticas sobre Drogas;

XIII - política nacional de arquivos;

XIV - zelar pelos trabalhos do Ministério Público;

XV - registro do comércio e propriedade industrial.

Art. 102. Cabe privativamente ao Ministro da Justiça:

I - conceder indulto e comutar penas, com audiência, se necessário, dos órgãos instituídos em lei;

II - nomear, após votação popular os Ministros do Supremo Tribunal Federal;

III - nomear os Ministros dos Tribunais Superiores, o Procurador-Geral da República e outros servidores, quando determinado em lei;

SUBSEÇÃO XIII - DO MINISTÉRIO DO MEIO AMBIENTE

Art. 103. O Ministério tem em sua área de competência:

I - política nacional do meio ambiente e dos recursos hídricos;

II - política de preservação, conservação e utilização sustentável de ecossistemas, e biodiversidade e florestas;

III - proposição de estratégias, mecanismos e instrumentos econômicos e sociais para a melhoria da qualidade ambiental e do uso sustentável dos recursos naturais;

IV - políticas para integração do meio ambiente e produção;

V - políticas e programas ambientais para a Amazônia Legal;

VI - zoneamento ecológico-econômico;

SUBSEÇÃO XIV - DO MINISTÉRIO DE MINAS E ENERGIA

Art. 104. O Ministério tem em sua área de competência:

I - geologia, recursos minerais e energéticos;

II - aproveitamento da energia hidráulica;

III - mineração e metalurgia;

IV - petróleo, combustível e energia elétrica, inclusive nuclear;

V - energia limpa e renovável.

SUBSEÇÃO XV - DO MINISTÉRIO DO PLANEJAMENTO

Art. 105. O Ministério tem em sua área de competência:

I - formulação do planejamento estratégico nacional e elaboração de subsídios para formulação de políticas públicas de longo prazo voltadas ao desenvolvimento nacional;

II - avaliação dos impactos socioeconômicos das políticas e programas do Governo Federal e elaboração de estudos especiais para a reformulação de políticas;

III - realização de estudos e pesquisas para acompanhamento da conjuntura socioeconômica e gestão dos sistemas cartográficos e estatísticos nacionais;

IV - elaboração, acompanhamento e avaliação do plano plurianual de investimentos e dos orçamentos anuais;

V - viabilização de novas fontes de recursos para os planos de governo;

VI - formulação de diretrizes, coordenação das negociações, acompanhamento e avaliação dos financiamentos externos de projetos públicos com organismos multilaterais e agências governamentais;

VII - coordenação e gestão dos sistemas de planejamento e orçamento federal, de pessoal civil, de organização e modernização administrativa, de administração de recursos da informação e informática e de serviços gerais;

VIII - formulação de diretrizes, coordenação e definição de critérios de governança corporativa das empresas estatais federais;

IX - administração patrimonial;

X - política e diretrizes para modernização do Estado.

SUBSEÇÃO XVI - DO MINISTÉRIO DA PREVIDÊNCIA SOCIAL

Art. 106. O Ministério tem em sua área de competência a previdência social, em todos os seus aspectos.

SUBSEÇÃO XVII - DO MINISTÉRIO DA REFORMA AGRÁRIA E URBANA

Art. 107. O Ministério tem em sua área de competência a condução de políticas de reforma agrária e urbana.

SUBSEÇÃO XVIII - DO MINISTÉRIO DA SAÚDE

Art. 108. O Ministério tem em sua área de competência:

I - política nacional de saúde;

II - coordenação e fiscalização do Sistema Único de Saúde;

III - saúde ambiental e ações de promoção, proteção e recuperação da saúde individual e coletiva, inclusive a dos trabalhadores e dos índios;

IV - informações de saúde;

V - insumos críticos para a saúde;

VI - produção e manutenção de equipamentos utilizados pela área de saúde;

VII - ação preventiva em geral, vigilância e controle sanitário de fronteiras e de portos marítimos, fluviais e aéreos;

VIII - vigilância de saúde, especialmente quanto às drogas, medicamentos e alimentos;

IX - pesquisa científica e tecnologia na área de saúde;

X - recrutamento e formação dos policiais de saúde, que garantirão a segurança de todas as unidades de saúde pública.

SUBSEÇÃO XIX - DO MINISTÉRIO DO TRABALHO

Art. 109. O Ministério tem em sua área de competência:

I - política e diretrizes para a geração de emprego e renda e de apoio ao trabalhador;

II - política e diretrizes para a modernização das relações de trabalho;

III - fiscalização do trabalho, inclusive do trabalho portuário, bem como aplicação das sanções previstas em normas legais ou coletivas;

IV - política salarial;

V - formação e desenvolvimento profissional;

VI - segurança e saúde no trabalho;

VII - política de imigração;

VIII - cooperativismo e associativismo urbanos;

SUBSEÇÃO XX - DO MINISTÉRIO DOS TRANSPORTES TERRESTRES E NAVAIS

Art. 110. O Ministério tem em sua área de competência:

I - política nacional de transportes ferroviário, rodoviário e aquaviário;

II - marinha mercante e vias navegáveis;

III - formulação, coordenação e supervisão das políticas nacionais do setor de portos e instalações portuárias marítimos, fluviais e lacustres;

IV - promover a segurança e a eficiência do transporte aquaviário de cargas e de passageiros.

SEÇÃO IV - DOS CARGOS DO PODER EXECUTIVO

Art. 111. Somente concorrerão aos cargos de Ministro aqueles candidatos que comprovarem 1 (um) dos seguintes requisitos:

I - diploma de doutorado na área de atuação do Ministério; ou

II - comprovação de mais de 10 (dez) anos de experiência de trabalho, incluído o docente e em pesquisa científica, na área de atuação do Ministério.

Art. 112. Toda veiculação dos candidatos a qualquer dos cargos, em qualquer meio, deverá vir acompanhada, em caráter informativo, das notas obtidas em teste, formulado e aplicado pelo Conselho Popular Federal, de conhecimentos em Direito Constitucional e Direito Administrativo.

Parágrafo único. O descumprimento implica em suspensão da candidatura.

Art. 113. A eleição do Presidente da República e dos Ministros de Estado realizar-se-á, simultaneamente, no 1º (primeiro) domingo de junho, em 1º (primeiro) turno, e no último domingo de junho, em 2º (segundo) turno, se houver, do ano anterior ao do término do mandato presidencial vigente.

§ 1º - Será considerado eleito Presidente o candidato que obtiver a maioria absoluta de votos, não computados os em branco e os nulos.

§ 2º - Será considerado eleito Ministro o candidato que obtiver a maioria absoluta de votos, não computados os em branco e os nulos.

§ 3º - Se nenhum candidato alcançar maioria absoluta na primeira votação, far-se-á nova eleição após a proclamação do resultado, concorrendo os dois candidatos mais votados e considerando-se eleito aquele que obtiver a maioria dos votos válidos.

§ 4º - Se, antes de realizado o segundo turno, ocorrer morte, desistência ou impedimento legal de candidato titular, convocar-se-á, dentre os remanescentes, o de maior votação.

§ 5º - Se, na hipótese dos parágrafos anteriores, remanescer, em segundo lugar, mais de um candidato com a mesma votação, qualificar-se-á o mais idoso.

Art. 114. O Presidente da República e os Ministros de Estado tomarão posse em sessão do Congresso Nacional, prestando o compromisso de manter, defender e cumprir a Constituição, observar as leis, promover o bem geral do povo brasileiro, sustentar a união, a integridade e a independência do Brasil.

Parágrafo único. Se, decorridos 10 (dez) dias da data fixada para a posse, o Presidente da República e os Ministros, salvo motivo de força maior, não tiverem assumido o cargo, este será declarado vago.

Art. 115. Em caso de impedimento do Presidente ou vacância do cargo, serão sucessivamente chamados ao exercício da Presidência da República o Presidente do Congresso Nacional, o Vice-Presidente do Congresso Nacional, o Presidente do Supremo Tribunal Federal e o Presidente do Conselho Popular Federal.

Art. 116. Vagando o cargo de Presidente, far-se-á eleição 90 (noventa) dias depois de aberta a vaga.

Art. 117. Substituirá Ministro de Estado, no caso de impedimento, e suceder-lhe-á temporariamente, no de vacância, o Secretário-Geral do respectivo Ministério, sendo convocada eleição 90 (noventa) dias depois de aberta a vaga .

§ 1º - Ocorrendo a vacância no último ano do período presidencial ou ministerial, a eleição será feita 30 (trinta) dias depois da vacância, pelo Congresso Nacional, na forma da lei.

§ 2º - Em qualquer dos casos, os eleitos deverão completar o período de seus antecessores.

Art. 118. O Presidente da República e os Ministros de Estado terão o mandato revogado após completado o 2º (segundo) ano de exercício se:

I - houver documento, entregue à Justiça Eleitoral, reunindo as assinaturas de 40% (quarenta por cento) dos eleitores nacionais em apoio à revogação;

II - em referendo especial nacional, coordenado pela Justiça Eleitoral, com voto obrigatório, houver apoio de 51% (cinquenta e um por cento) dos eleitores;

Parágrafo único. Em caso de rejeição, não será permitida nova tentativa de revogação durante o mandato em curso.

Art. 119. No caso de perda de mandato de Presidente da República ou de Ministro de Estado por Revogação do Mandato, será feita nova eleição no prazo de noventa dias, nos termos de lei complementar.

Art. 120. O mandato do Presidente da República e dos Ministros de Estado é de 5 (cinco) anos e terá início em 10 (dez) de janeiro do ano seguinte ao da sua eleição.

Art. 121. O Presidente e os Ministros não poderão, sem licença do Congresso Nacional, ausentar-se do País por período superior a 15 (quinze) dias, sob pena de perda do cargo.

SEÇÃO V - DO CONSELHO DE MINISTROS

Art. 122. O Conselho de Ministro será composto por todos os Ministros de Estado e o Presidente da República, que o presidirá.

Art. 123. O Conselho de Ministros reunir-se-á no mínimo uma vez por semana para:

I - coordenar as ações de seus membros;

II - discutir as decisões tomadas por quaisquer de seus membros;

III - emitir comunicado conjunto sobre temas de relevância nacional e internacional;

IV - vetar, com aprovação de 2/3 (dois terços) dos votos, qualquer decisão de seus membros, desde que tomadas há menos de 15 (quinze) dias;

V - votar os temas colocados em pauta por seu Presidente, regulados em lei ou nesta Constituição.

Art. 124. Cabe ao Conselho de Ministros:

I - escolher os Ministros do Tribunal de Contas da União e os Governadores de Territórios;

II - enviar ao Conselho Popular Federal proposta de alteração de lei ou emenda constitucional aprovada pelo Congresso Nacional, assim como a justificativa para tais mudanças.

III - promulgar e fazer publicar as leis, bem como expedir decretos e regulamentos para sua fiel execução;

IV - exercer outras atribuições previstas nesta Constituição.

Art. 125. Todas decisões do Conselho de Ministros serão tomadas por meio de votação, observando-se:

I - um voto para cada Ministro de Estado e para o Presidente da República;

II - voto decisivo do Presidente da República em caso de empate.

SEÇÃO VI - DAS ATRIBUIÇÕES DO PRESIDENTE DO CONSELHO DE MINISTROS

Art. 126. Compete privativamente ao Presidente do Conselho de Ministros:

I - presidir os encontros do Conselho de Ministros;

II - escolher a pauta de discussão e votação;

III -decidir definitivamente em caso de empate nas votações do Conselho de Ministros;

IV - nomear, observado o disposto no art. 80, os Ministros do Tribunal de Contas da União;

V - enviar ao Congresso Nacional os seguintes documentos previstos nesta Constituição:

a) o plano plurianual, agregando os planos plurianuais de todos os Ministérios e do Presidente da República;

b) o projeto de lei de diretrizes orçamentárias;

c) as propostas de orçamento;

VI - promulgar as leis aprovadas em referendo popular.

VII - atuar de modo ativo de forma a integrar as ações dos diferentes Ministérios, gerando entendimento entre as partes;

VIII - representar os Ministros de Estado, e suas respectivas posições, em viagens ao exterior, sempre que eles não puderem fazê-lo pessoalmente.

IX - exercer outras atribuições previstas nesta Constituição.

Art. 127. O Presidente da República garantirá que a Secretaria de Relações Exteriores acompanhe a visão de cada um dos diferentes Ministérios, tendo poder de decisão sobre temas eminentemente relacionados a política de poder internacional.

Art. 128. O Secretário de Relações Exteriores, sempre pertencente à carreira diplomática, deverá ser escolhido com o apoio da maioria absoluta dos Ministros de Estado.

SEÇÃO VII - DA RESPONSABILIDADE DO PRESIDENTE DA REPÚBLICA E DOS MINISTROS DE ESTADO

Art. 129. São crimes de responsabilidade os atos do Presidente do Conselho de Ministros que atentem contra a Constituição Federal e, especialmente, contra:

I - a existência da União;

II - o livre exercício do Poder Legislativo, do Poder Judiciário, do Poder Popular, do Ministério Público e dos Poderes constitucionais das unidades da Federação;

III - o exercício dos direitos políticos, individuais e sociais;

IV - a segurança interna do País;

V - a probidade na administração;

VI - a lei orçamentária;

VII - o cumprimento das leis e das decisões judiciais;

VIII - economia socialista;

Parágrafo único. Esses crimes serão definidos em lei especial, que estabelecerá as normas de processo e julgamento.

Art. 130. O processo de impedimento seguirá os seguintes passos:

I - formação de Comissão Parlamentar de Inquérito, que analisará as acusações e gerará relatório de admissibilidade, observando-se que:

a) os trabalhos deverão somar o mínimo de 350 horas;

b) é vedada a emissão de juízo prévio ou defesa de posicionamento por parte dos Congressistas, sob pena de perda do poder de voto;

c) todos os Comissários Legislativos da Comissão de Constituição, Justiça e Cidadania participarão da Comissão Parlamentar de Inquérito, o restante sendo ocupado por 1/3 (um terço) dos Congressistas, escolhidos de acordo com o número de votos que os elegeu;

II - o relatório aprovado por 2/3 (dois terços) dos votos será encaminhado ao Plenário para admissibilidade, sendo necessária aprovação também por 2/3 dos votos.

Art. 131. Admitida a acusação contra o Presidente da República e os Ministros de Estado, por 2/3 (dois terços) do Congresso Nacional, será ele submetido a julgamento perante o Congresso Nacional, com manutenção de todos os privilégios do cargo.

§ 1º - O Presidente da República ou Ministro de Estado será suspenso de suas funções:

I - nas infrações penais comuns, se recebida a denúncia ou queixa-crime pelo Supremo Tribunal Federal;

II - nos crimes de responsabilidade, após a instauração do processo pelo Congresso Nacional.

§ 2º - O ocupante temporário do cargo não poderá realizar mudanças em políticas governamentais ou alterar o quadro de funcionários, a não ser com base em suspeita de crime em processo aceito pelo Poder Judiciário.

§ 3º - Se, decorrido o prazo de 90 (noventa) dias, o julgamento não estiver concluído, cessará o afastamento do Presidente ou do Ministro de Estado, sem prejuízo do regular prosseguimento do processo.

§ 4º - Enquanto não sobrevier sentença condenatória, nas infrações comuns, o Presidente da República e os Ministros de Estado não estarão sujeito a prisão.

§ 5º - O Presidente da República e os Ministros de Estado, na vigência de seu mandato, não podem ser responsabilizados por atos estranhos ao exercício de suas funções.

§ 6º - É proibido ao Congressista, na posição de juiz, conceder entrevista sobre o tema, antecipar seu voto ou ser orientado por seu partido, sob pena de impedimento de voto.

§ 7º - Caso aprovado o impedimento, o processo seguirá para o Conselho Popular Federal, onde será submetido a referendo especial, de acordo com as regras desta Constituição;

SEÇÃO VIII - DO CONSELHO DE DEFESA NACIONAL

Art. 132. O Conselho de Defesa Nacional é órgão de consulta do Presidente da República nos assuntos relacionados com a soberania nacional e a defesa do Estado democrático, e dele participam como membros natos:

I - o Presidente Do Congresso Nacional;

II - o Ministro da Justiça;

III - o Secretário de Defesa;

IV - o Secretário das Relações Exteriores;

V - o Secretário de Serviço Secreto;

VI - o Ministro do Planejamento;

VII - os Comandantes da Aeronáutica, da Guarda Revolucionária, do Exército e da Marinha;

VIII - o Presidente do Conselho Popular Federal;

IX - o Presidente do Supremo Tribunal Federal.

§ 1º - Compete ao Conselho de Defesa Nacional:

I - opinar nas hipóteses de declaração de guerra e de celebração da paz, nos termos desta Constituição;

II - opinar sobre a decretação do estado de defesa, do estado de sítio e da intervenção federal;

III - propor os critérios e condições de utilização de áreas indispensáveis à segurança do território nacional e opinar sobre seu efetivo uso, especialmente na faixa de fronteira e nas relacionadas com a preservação e a exploração dos recursos naturais de qualquer tipo;

IV - estudar, propor e acompanhar o desenvolvimento de iniciativas necessárias a garantir a independência nacional e a defesa do Estado democrático.

§ 2º - A lei regulará a organização e o funcionamento do Conselho de Defesa Nacional.

CAPÍTULO III - DO PODER POPULAR

SEÇÃO I - DO CONSELHO POPULAR FEDERAL

Art. 133. O Poder Popular é representado pelo Conselho Popular Federal, composto por Conselheiros Federais com mandato de dez anos.

Art. 134. O Conselho Popular Federal será composto dos seguintes Conselhos Temáticos, formados cada um por 3 (três) doutores nas respectivas áreas:

I - Conselho Temático de Ciências Matemáticas e Computacionais;

II - Conselho Temático de Ciências Biológicas e da Saúde;

III - Conselho Temático de Ciências do Meio Ambiente;

IV - Conselho Temático de Ciências Humanas e Artísticas;

V - Conselho Temático de Ciências Políticas;

VI - Conselho Temático de Ciências Jurídicas;

VII - Conselho Temático de Ciências Administrativas, Contábeis e Econômicas;

VIII - Conselho Temático de Ciências Militares, composto por 4 (quatro) oficiais doutores, sendo:

a) 1 (um) representante da Aeronáutica;

b) 1 (um) representante do Exército;

c) 1 (um) representante da Guarda Revolucionária;

d) 1 (um) representante da Marinha.

§ 1º - Painel de Reitores, formado por reitores de todas as universidades federais, reunidos mediante convocação do Presidente do Conselho Popular Federal, determinará quais cursos universitários pertencerão a cada Conselho Temático, proibida a duplicidade e obrigatória a inserção de todos os cursos reconhecidos pelo Ministério da Educação.

§ 2º - Em caso de vacância, a posição será ocupada obedecendo-se a lista dos candidatos mais votados na eleição anterior.

§ 3º - Os Conselheiros Federais perceberão subsídio igual ao da média salarial dos professores doutores federais.

Art. 135. O Conselho Popular manterá Comitês Interdisciplinares para estudo de temas de interesse nacional e internacional que exijam elevado grau de multidisciplinaridade tendo como Comitês Interdisciplinares Permanentes:

I - Comitê Interdisciplinar Permanente Sobre Trabalho e Robótica;

II - Comitê Interdisciplinar Permanente Sobre Mudanças Climáticas;

III - Comitê Interdisciplinar Permanente Sobre Relações Internacionais;

IV - Comitê Interdisciplinar Permanente Sobre Felicidade, Democracia e Orçamento Participativo;

V - Comitê Interdisciplinar Permanente Sobre Desenvolvimento Científico;

Art. 136. O Presidente e o Vice-Presidente do Conselho Popular Federal serão escolhidos a cada dois anos, por meio de votação entre todos os Conselheiros Federais, proibida a recondução.

SEÇÃO II - DAS ATRIBUIÇÕES DO CONSELHO POPULAR FEDERAL

Art. 137. Compete ao Conselho Popular Federal:

I - autorizar a inclusão de gastos adicionais nas leis do orçamento;

II - autorizar o início de programas e projetos não incluídos na lei orçamentária anual.

III - convocar extraordinariamente o Congresso Nacional;

IV - enviar proposta de lei e de emenda à Constituição;

V - solicitar urgência para apreciação de qualquer projeto em tramitação no Congresso Nacional;

VI - pedir acesso às informações constantes nos arquivos da Secretaria de Serviço Secreto, que terá prazo de 30 (trinta) dias para fornecê-las, sob pena de responsabilidade;

VII -Indicar locais desaprovados para cumprimento de pena por violação aos direitos humanos;

VIII - determinar situação de desigualdade de oportunidades em cargo público, estabelecendo os parâmetros mínimos a serem atingidos;

IX - emitir comunicados sobre temas de relevância nacional;

X - realizar o processo de referendo popular, com auxílio da Justiça Eleitoral;

XI - enviar ao Conselho de Ministros as leis e emendas de lei aprovadas em referendo popular para promulgação, assim como arquivar aquelas que tenham sido rejeitadas;

XII - formular e aplicar teste de conhecimento em Direito Constitucional e Administrativo, nos termos desta constituição;

XIII - realizar o processo de referendo especial em caso de impedimento do Presidente da República ou Ministro de Estado;

XIV - emitir comunicado que guiará a atuação do seu Presidente em reunião do Conselho de Defesa Nacional;

XV - realizar o processo democrático de orçamento participativo em relação a 50% (cinquenta por cento) dos recursos que, em decorrência de veto, emenda ou rejeição do projeto de lei orçamentária anual, ficarem sem despesas correspondentes.

XVI - gerenciar seu canal de televisão, onde tornará públicas suas atividades, assim como outros meios de interação via internet;

XVII - outras atribuições de acordo com esta Constituição e com lei complementar.

Art. 138. O Presidente do Conselho Popular Federal sempre agirá guiado pelo entendimento prévio dos Conselheiros Federais.

SEÇÃO III - DAS ATRIBUIÇÕES DOS CONSELHOS TEMÁTICOS

Art. 139. Compete aos Conselhos Temáticos:

I - emitir parecer sobre qualquer tema relacionado à sua área de atuação, nacional ou internacional;

II - elaborar e submeter ao plenário propostas de leis e emendas constitucionais.

III - aprovar a criação de 3 (três) grupos de pesquisa por Conselheiro Federal pertencente a seu Conselho Temático, observado que:

　　a) os membros dos grupos de pesquisa, em número nunca inferior a 3 (três) e superior a 15 (quinze) serão escolhidos entre funcionários públicos e estudantes de universidades federais;

　　b) a manutenção dos grupos de pesquisa dependerá de apresentação mensal de relatório de progresso, entregue ao respectivo Presidente do Conselho Temático;

IV - elaborar, até o dia 20 (vinte) de dezembro, relatório de avaliação qualitativa das medidas tomadas pelos demais Poderes em suas áreas de atuação;

V - O Presidente do Conselho Temático mudará a cada 6 (seis) meses, iniciando-se pelo mais idoso e seguindo o critério da idade nas escolhas seguintes.

SEÇÃO IV - DO REFERENDO POPULAR

Art. 140. O Conselho Popular Federal dará início ao processo de referendo popular após a aprovação de leis e emendas constitucionais pelo Congresso Nacional, adotando os seguintes passos:

I - recebimento dos documentos referentes ao processo legislativo no prazo de 7 (sete) dias;

II - envio de cópia da documentação ao Conselho de Ministros em até 24 (vinte e quatro) horas com pedido de avaliação e proposta de alteração a ser entregue no prazo máximo de 15 (quinze) dias;

III - emissão de indicativo de voto por cada Conselho Temático no prazo de quinze dias;

IV - divulgação de defesa da:

a) proposta pelo Congresso Nacional;

b) do posicionamento do Conselho de Ministros;

c) do posicionamento parlamentar favorável à rejeição completa da proposta;

d) do posicionamento do final do Conselho Popular Federal, decidido em votação em até 3 (três) dias após o prazo do inciso anterior.

V -disponibilização das opções de voto em número de duas ou três, sendo:

a) uma pela aprovação da proposta original recebida do Congresso Nacional;

b) uma pela aprovação de proposta de alteração recebida do Conselho de Ministros, quando houver;

c) uma pela rejeição da proposta original.

VI — inserção do referendo popular em fila de espera com prazo mínimo de 7 (sete) dias entre o fim do processo anterior e o início da votação;

VII - realização da votação, que durará 7 (sete) dias por meio de:

a) internet, incluindo dispositivos móveis;

b) opção em caixas eletrônicos de bancos;

c) cabines de votação eletrônica em todas as capitais de Estado;

VIII - o número mínimo de votos para que o processo seja considerado válido é de 10 (dez) vezes o número de Congressistas, sendo a votação com número menor de votantes consideradas insuficientes e reinserindo o referendo popular na última posição da fila de espera para nova tentativa.

IX - vencerá a opção com maior número de votos;

X - havendo empate, a proposta original será considerada aprovada;

XI - a aprovação implicará envio da documentação ao Conselho de Ministros para promulgação, enquanto a rejeição levará ao arquivamento da proposta;

§ 1º - O voto no referendo popular será sempre facultativo;

§ 2º - Inexistirão as opções de voto em branco ou nulo;

§ 3º - É proibida a existência de duas votações simultâneas, havendo prazo de 3 (três) dias de interstício entre o fim do processo anterior e início do seguinte;

§ 4º - Os processos que forem recolocados em fila de espera, como os referidos no art. 5º, não poderão ser reapreciados em prazo menor que 1 (um) ano.

SEÇÃO V - DO ORÇAMENTO PARTICIPATIVO

Art. 141. O Conselho Popular Federal organizará, por meio do Comitê Interdisciplinar Permanente Sobre Felicidade, Democracia e Orçamento Participativo, o processo de destinação recursos por meio de orçamento participativo obedecendo os seguintes passos:

I - disponibilização de plataformas digitais para discussões sobre o tema;

II - recepção de sugestões em formulário padronizado, disponibilizado nos mais diferentes meios;

III - criação de grupos com propostas semelhantes;

IV - realização de audiências públicas, com transmissão televisiva, dos grupos de propostas, sendo discutidas todas, uma a uma, sem qualquer discriminação, desde que dentro dos limites legais;

V - realização de pré-votação popular, no qual serão excluídas as propostas sem apoio mínimo, de acordo com parâmetros determinados pelo Comitê Interdisciplinar Permanente Sobre Felicidade, Democracia e Orçamento Participativo;

VI - realização novo processo de audiências públicas para discussão aprofundada das propostas remanescentes;

VII - processo de votação popular final, onde serão decididas as destinações dos recursos;

VIII - os recursos que por ventura figurem sem alocação serão redistribuídos entre as propostas aprovadas, iniciando-se pelas mais populares;

IX - divulgação do resultado final do processo de Orçamento Participativo;

X - envio ao Conselho de Ministro para que separe os projetos de acordo com os respectivos Ministérios e dê prosseguimento à execução dos gastos;

Art. 142. O Conselho Popular receberá relatórios semestrais de cada Ministério que for contemplado com recursos por meio do processo de orçamento participativo, objetivando fiscalizar seu emprego e emitindo parecer sobre o estado de execução dos gastos.

Art. 143. O Conselho Popular poderá, de acordo com a lei, punir o Ministro de Estado ou o Presidente da República em caso de descumprimento da decisão popular.

CAPÍTULO IV - DO PODER JUDICIÁRIO

SEÇÃO I - DISPOSIÇÕES GERAIS

Art. 144. São órgãos do Poder Judiciário:

I - o Supremo Tribunal Federal;

II - o Conselho Nacional de Justiça;

III - o Superior Tribunal de Justiça;

IV - os Tribunais Regionais Federais e Juízes Federais;

V - os Tribunais e Juízes do Trabalho;

VI - os Tribunais e Juízes Eleitorais;

VII - os Tribunais e Juízes Militares;

VIII - os Tribunais e Juízes dos Estados e do Distrito Federal e Territórios.

§ 1º - O Supremo Tribunal Federal, o Conselho Nacional de Justiça e os Tribunais Superiores têm sede na Capital Federal.

§ 2º - O Supremo Tribunal Federal e os Tribunais Superiores têm jurisdição em todo o território nacional.

Art. 145. Lei complementar, de iniciativa do Supremo Tribunal Federal, disporá sobre o Estatuto da Magistratura, observados os seguintes princípios:

I - ingresso na carreira, cujo cargo inicial será o de juiz substituto, mediante concurso público de provas e títulos, com a participação da Ordem dos Advogados do Brasil em todas as fases, exigindo-se grau de bacharel em direito, obedecendo-se, nas nomeações, à ordem de classificação;

II - promoção de entrância para entrância, alternadamente, por antiguidade e merecimento, atendidas as seguintes normas:

a) é obrigatória a promoção do juiz que figure por três vezes consecutivas ou 5 (cinco) alternadas em lista de merecimento;

b) a promoção por merecimento pressupõe 2 (dois) anos de exercício na respectiva entrância e integrar o juiz a primeira quinta parte da lista de antiguidade desta, salvo se não houver com tais requisitos quem aceite o lugar vago;

c) aferição do merecimento conforme o desempenho e pelos critérios objetivos de produtividade e presteza no exercício da jurisdição e pela frequência e aproveitamento em cursos oficiais ou reconhecidos de aperfeiçoamento;

d) na apuração de antiguidade, o tribunal somente poderá recusar o juiz mais antigo pelo voto fundamentado de 2/3 (dois terços) de seus membros, conforme procedimento próprio, e assegurada ampla defesa, repetindo-se a votação até fixar-se a indicação;

e) não será promovido o juiz que, injustificadamente, retiver autos em seu poder além do prazo legal, não podendo devolvê-los ao cartório sem o devido despacho ou decisão;

III - o acesso aos tribunais de segundo grau far-se-á por antiguidade e merecimento, alternadamente, apurados na última ou única entrância;

IV -previsão de cursos oficiais de preparação, aperfeiçoamento e promoção de magistrados, constituindo etapa obrigatória do processo de vitaliciamento a participação em curso oficial ou reconhecido por escola nacional de formação e aperfeiçoamento de magistrados;

V - o subsídio dos Ministros dos Tribunais Superiores corresponderá a 95% (noventa e cinco por cento) do subsídio mensal fixado para os Ministros do Supremo Tribunal Federal e os subsídios dos demais magistrados serão fixados em lei e escalonados, em nível federal e estadual, conforme as respectivas categorias da estrutura judiciária nacional, não podendo a diferença entre uma e outra ser superior a 10% (dez por cento) ou inferior a 5% (cinco por cento), nem exceder a 95% (noventa e cinco por cento) do subsídio mensal dos Ministros dos Tribunais Superiores, obedecido, em qualquer caso, o disposto nos arts. 51, XVI, e 53, § 4º;

VI - a aposentadoria dos magistrados e a pensão de seus dependentes observarão o disposto no art. 54;

VII - o juiz titular residirá na respectiva comarca, salvo autorização do tribunal;

VIII - o ato de remoção, disponibilidade e aposentadoria do magistrado, por interesse público, fundar-se-á em decisão por voto da maioria absoluta do respectivo tribunal ou do Conselho Nacional de Justiça, assegurada ampla defesa;

IX - a remoção a pedido ou a permuta de magistrados de comarca de igual entrância atenderá, no que couber, ao disposto nas alíneas a, b, c e e do inciso II;

X - todos os julgamentos dos órgãos do Poder Judiciário serão públicos, e fundamentadas todas as decisões, sob pena de nulidade, podendo a lei limitar a presença, em determinados atos, às próprias partes e a seus advogados, ou somente a estes, em casos nos quais a preservação do direito à intimidade do interessado no sigilo não prejudique o interesse público à informação;

XI - a violação do sigilo judicial por empresa jornalística implicará em suspensão de suas atividades por tempo nunca inferior a 48 (quarenta e oito) horas;

XII - as decisões administrativas dos tribunais serão motivadas e em sessão pública, sendo as disciplinares tomadas pelo voto da maioria absoluta de seus membros;

XIII - nos tribunais com número superior a 25 (vinte e cinco) julgadores, poderá ser constituído órgão especial, com o mínimo de 11 (onze) e o máximo de 25 (vinte e cinco) membros, para o exercício das atribuições administrativas e jurisdicionais delegadas da competência do tribunal pleno, provendo-se metade das vagas por antiguidade e a outra metade por eleição pelo tribunal pleno;

XIV - a atividade jurisdicional será ininterrupta, sendo proibido férias coletivas nos juízos e tribunais de 2° (segundo) grau, funcionando, nos dias em que não houver expediente forense normal, juízes em plantão permanente;

XV - o número de juízes na unidade jurisdicional será proporcional à efetiva demanda judicial e à respectiva população, com realização de concurso anual para preenchimento de vagas, sob pena de responsabilidade;

XVI - os servidores receberão delegação para a prática de atos de administração e atos de mero expediente sem caráter decisório;

XVII - a distribuição de processos será imediata, em todos os graus de jurisdição.

Art. 146. 1/5 (um quinto) dos lugares dos Tribunais Regionais Federais, dos Tribunais dos Estados, e do Distrito Federal e Territórios será composto de membros, do Ministério Público, com mais de dez anos de carreira, e de advogados de notório saber jurídico e de reputação ilibada, com mais de 10 (dez) anos de efetiva atividade profissional, indicados em lista sêxtupla pelos órgãos de representação das respectivas classes.

Parágrafo único. Recebidas as indicações, o tribunal formará lista tríplice, enviando-a ao Ministério da Justiça, que, nos 20 (vinte) dias subsequentes, escolherá um de seus integrantes para nomeação.

Art. 147. Os juízes gozam das seguintes garantias:

I - vitaliciedade, que, no 1º (primeiro) grau, só será adquirida após 2 (dois) anos de exercício, dependendo a perda do cargo, nesse período, de deliberação do tribunal a que o juiz estiver vinculado, e, nos demais casos, de sentença judicial transitada em julgado;

II - inamovibilidade, salvo por motivo de interesse público, na forma do art. 145, VIII;

III - irredutibilidade de subsídio, ressalvado o disposto nos arts. 51, XV e XVI, 53, § 4º, 220, II, 223, III, e 223, § 2º, I.

Parágrafo único. Aos juízes é proibido:

I - exercer, ainda que em disponibilidade, outro cargo ou função, salvo uma de magistério;

II - receber, a qualquer título ou pretexto, custas ou participação em processo;

III - dedicar-se à atividade político-partidária, formal ou informalmente.

IV - conceder entrevista sobre processo em andamento sem autorização superior, emitida caso-a-caso;

V - receber, a qualquer título ou pretexto, auxílios ou contribuições de pessoas físicas, entidades públicas ou privadas, ressalvadas as exceções previstas em lei;

VI - exercer a advocacia no juízo ou tribunal do qual se afastou, antes de decorridos 3 (três) anos do afastamento do cargo por aposentadoria ou exoneração.

Art. 148. Compete privativamente:

I - aos tribunais:

a) eleger seus órgãos diretivos e elaborar seus regimentos internos, com observância das normas de processo e das garantias processuais das partes, dispondo sobre a competência e o funcionamento dos respectivos órgãos jurisdicionais e administrativos;

b) organizar suas secretarias e serviços auxiliares e os dos juízos que lhes forem vinculados, velando pelo exercício da atividade correicional respectiva;

c) prover, na forma prevista nesta Constituição, os cargos de juiz de carreira da respectiva jurisdição;

d) propor a criação de novas varas judiciárias;

e) prover, por concurso público de provas, ou de provas e títulos, os cargos necessários à administração da Justiça, exceto os de confiança assim definidos em lei;

f) conceder licença, férias e outros afastamentos a seus membros e aos juízes e servidores que lhes forem imediatamente vinculados;

II - ao Supremo Tribunal Federal, aos Tribunais Superiores e aos Tribunais de Justiça propor ao Poder Legislativo respectivo:

a) a alteração do número de membros dos tribunais inferiores;

b) a criação e a extinção de cargos e a remuneração dos seus serviços auxiliares e dos juízos que lhes forem vinculados, bem como a fixação do subsídio de seus membros e dos juízes, inclusive dos tribunais inferiores, onde houver;

c) a criação ou extinção dos tribunais inferiores;

d) a alteração da organização e da divisão judiciárias;

III - aos Tribunais de Justiça julgar os juízes estaduais e do Distrito Federal e Territórios, bem como os membros do Ministério Público, nos crimes comuns e de responsabilidade, ressalvada a competência da Justiça Eleitoral.

Art. 149. Somente pelo voto de 2/3 (dois terços) de seus membros ou dos membros do respectivo órgão especial poderão os tribunais declarar a inconstitucionalidade de lei ou ato normativo do Poder Público.

Art. 150. A União, no Distrito Federal e nos Territórios, e os Estados criarão:

I - juizados especiais, providos por juízes togados, ou togados e leigos, competentes para a conciliação, o julgamento e a execução de causas cíveis de menor complexidade e infrações penais de menor potencial ofensivo, mediante os procedimentos oral e sumariíssimo, permitidos, nas hipóteses previstas em lei, a transação e o julgamento de recursos por turmas de juízes de primeiro grau;

II - justiça de paz, remunerada, composta de cidadãos eleitos pelo voto direto, universal e secreto, com mandato de 5 (cinco) anos e competência para, na forma da lei, celebrar casamentos, verificar, de ofício ou em face de impugnação apresentada, o processo de habilitação e exercer atribuições conciliatórias, sem caráter jurisdicional, além de outras previstas na legislação.

§ 1º -Lei federal disporá sobre a criação de juizados especiais no âmbito da Justiça Federal.

§ 2º - As custas e emolumentos serão destinados exclusivamente ao custeio dos serviços afetos às atividades específicas da Justiça.

Art. 151. Ao Poder Judiciário é assegurada autonomia administrativa e financeira.

§ 1º - Os tribunais elaborarão suas propostas orçamentárias dentro dos limites estipulados conjuntamente com os demais Poderes na lei de diretrizes orçamentárias.

§ 2º - O encaminhamento da proposta, ouvidos os outros tribunais interessados, compete:

I - no âmbito da União, aos Presidentes do Supremo Tribunal Federal e dos Tribunais Superiores, com a aprovação dos respectivos tribunais;

II - no âmbito dos Estados e no do Distrito Federal e Territórios, aos Presidentes dos Tribunais de Justiça, com a aprovação dos respectivos tribunais.

§ 3º - Se os órgãos referidos no § 2º não encaminharem as respectivas propostas orçamentárias dentro do prazo estabelecido na lei de diretrizes orçamentárias, o Poder Executivo considerará, para fins de consolidação da proposta orçamentária anual, os valores aprovados na lei orçamentária vigente, ajustados de acordo com os limites estipulados na forma do § 1º deste artigo.

§ 4º - Se as propostas orçamentárias de que trata este artigo forem encaminhadas em desacordo com os limites estipulados na forma do § 1º, o Poder Executivo procederá aos ajustes necessários para fins de consolidação da proposta orçamentária anual.

§ 5º - Durante a execução orçamentária do exercício, não poderá haver a realização de despesas ou a assunção de obrigações que extrapolem os limites estabelecidos na lei de diretrizes orçamentárias, exceto se previamente autorizadas, mediante a abertura de créditos suplementares ou especiais.

Art. 152. Os pagamentos devidos pelas Fazendas Públicas Federal, Estaduais, Distrital e Municipais, em virtude de sentença judiciária, far-se-ão exclusivamente na ordem cronológica de apresentação dos precatórios e à conta dos créditos respectivos, proibida a designação de casos ou de pessoas nas dotações orçamentárias e nos créditos adicionais abertos para este fim.

§ 1º - Os débitos de natureza alimentícia compreendem aqueles decorrentes de salários, vencimentos, proventos, pensões e suas complementações, benefícios previdenciários e indenizações por morte ou por invalidez, fundadas em responsabilidade civil, em virtude de sentença judicial transitada em julgado, e serão pagos com preferência sobre todos os demais débitos, exceto sobre aqueles referidos no § 2º deste artigo.

§ 2º - Os débitos de natureza alimentícia cujos titulares tenham 60 (sessenta) anos de idade ou mais na data de expedição do precatório, ou sejam portadores de doença grave, definidos na forma da lei, serão pagos com preferência sobre todos os demais débitos.

§ 3º - O disposto no caput deste artigo relativamente à expedição de precatórios não se aplica aos pagamentos de obrigações definidas em leis como de pequeno valor que as Fazendas referidas devam fazer em virtude de sentença judicial transitada em julgado.

§ 4º - Para os fins do disposto no § 3º, poderão ser fixados, por leis próprias, valores distintos às entidades de direito público, segundo as diferentes capacidades econômicas, sendo o mínimo igual ao valor do maior benefício da previdência social.

§ 5º - É obrigatória a inclusão, no orçamento das entidades de direito público, de verba necessária ao pagamento de seus débitos, oriundos de sentenças transitadas em julgado, constantes de precatórios judiciários apresentados até 1º (primeiro) de julho, fazendo-se o pagamento até o final do exercício seguinte, quando terão seus valores atualizados monetariamente.

§ 6º - As dotações orçamentárias e os créditos abertos serão consignados diretamente ao Poder Judiciário, cabendo ao Presidente do Tribunal que proferir a decisão exequenda determinar o pagamento integral e autorizar, a requerimento do credor e exclusivamente para os casos de preterimento de seu direito de precedência ou de não alocação orçamentária do valor necessário à satisfação do seu débito, o sequestro da quantia respectiva.

§ 7º - O Presidente do Tribunal competente que, por ato comissivo ou omissivo, retardar ou tentar frustrar a liquidação regular de precatórios incorrerá em crime de responsabilidade e responderá, também, perante o Conselho Nacional de Justiça.

§ 8º - É proibida a expedição de precatórios complementares ou suplementares de valor pago, bem como o fracionamento, repartição ou quebra do valor da execução para fins de enquadramento de parcela do total ao que dispõe o § 3º deste artigo.

§ 9º - No momento da expedição dos precatórios, independentemente de regulamentação, deles deverá ser abatido, a título de compensação, valor correspondente aos débitos líquidos e certos, inscritos ou não em dívida ativa e constituídos contra o credor original pela Fazenda Pública devedora, incluídas parcelas vincendas de parcelamentos, ressalvados aqueles cuja execução esteja suspensa em virtude de contestação administrativa ou judicial.

§ 10º - Antes da expedição dos precatórios, o Tribunal solicitará à Fazenda Pública devedora, para resposta em até 60 (sessenta) dias, sob pena de perda do direito de abatimento, informação sobre os débitos que preencham as condições estabelecidas no § 9º, para os fins nele previstos.

§ 11º - É facultada ao credor, conforme estabelecido em lei da entidade federativa devedora, a entrega de créditos em precatórios para compra de imóveis públicos.

§ 12º - A atualização de valores de requisitórios, após sua expedição, até o efetivo pagamento, independentemente de sua natureza, será feita pelo índice oficial de remuneração básica da caderneta de poupança, e, para fins de compensação da mora, incidirão juros simples no mesmo percentual de juros incidentes sobre a caderneta de poupança, ficando excluída a incidência de juros compensatórios.

§ 13º - O credor poderá ceder, total ou parcialmente, seus créditos em precatórios a terceiros, independentemente da concordância do devedor, não se aplicando ao cessionário o disposto nos §§ 2º e 3º.

§ 14° - A cessão de precatórios somente produzirá efeitos após comunicação, por meio de petição protocolizada, ao tribunal de origem e à entidade devedora.

§ 15° - Sem prejuízo do disposto neste artigo, lei complementar a esta Constituição Federal poderá estabelecer regime especial para pagamento de crédito de precatórios de Estados, Distrito Federal e Municípios, dispondo sobre vinculações à receita corrente líquida e forma e prazo de liquidação.

§ 16° - A seu critério exclusivo e na forma de lei, a União poderá assumir débitos, oriundos de precatórios, de Estados, Distrito Federal e Municípios, refinanciando-os diretamente.

SEÇÃO II - DO SUPREMO TRIBUNAL FEDERAL

Art. 153. O Supremo Tribunal Federal compõe-se de dezenove Ministros, escolhidos dentre juízes com mais de 35 (trinta e cinco) e menos de 60 (setenta) anos de idade, de notável saber jurídico e reputação ilibada.

§ 1° - Os Ministros do Supremo Tribunal Federal serão eleitos por voto direto e facultativo, por meio de processo eleitoral com campanha restrita à exposição de currículo e histórico pessoal, proibida qualquer promessa de campanha, assim como qualquer forma de financiamento não público.

§ 2° - A realização de eleições para preenchimento de vagas ocorrerá com intervalo mínimo de 6 (seis) meses.

Art. 154. Compete ao Supremo Tribunal Federal, precipuamente, a guarda da Constituição, cabendo-lhe:

I -processar e julgar, originariamente:

a) a ação direta de inconstitucionalidade de lei ou ato normativo federal ou estadual e a ação declaratória de constitucionalidade de lei ou ato normativo federal;

b) nas infrações penais comuns, o Presidente da República, os Ministros de Estado, os membros do Congresso Nacional, os membros do Conselho Popular Federal, seus próprios Ministros e o Procurador-Geral da República;

c) nas infrações penais comuns e nos crimes de responsabilidade, os Secretários de Estado e os Comandantes da Marinha, do Exército, da Aeronáutica e da Guarda Revolucionária, ressalvado o disposto no art. 61, XIX, os membros dos Tribunais Superiores, os do Tribunal de Contas da União e os chefes de missão diplomática de caráter permanente;

d) o *habeas corpus*, sendo paciente qualquer das pessoas referidas nas alíneas anteriores; o mandado de segurança e o habeas data contra atos do Presidente da República, dos Ministros de Estado, da Mesa do Congresso Nacional, do Conselho Popular Federal, do Tribunal de Contas da União, do Procurador-Geral da República e do próprio Supremo Tribunal Federal;

e) o litígio entre Estado estrangeiro ou organismo internacional e a União, o Estado, o Distrito Federal ou o Território;

f) as causas e os conflitos entre a União e os Estados, a União e o Distrito Federal, ou entre uns e outros, inclusive as respectivas entidades da administração indireta;

g) a extradição solicitada por Estado estrangeiro;

h) o habeas corpus, quando o coator for Tribunal Superior ou quando o coator ou o paciente for autoridade ou funcionário

133

cujos atos estejam sujeitos diretamente à jurisdição do Supremo Tribunal Federal, ou se trate de crime sujeito à mesma jurisdição em uma única instância;

i) a revisão criminal e a ação rescisória de seus julgados;

j) a reclamação para a preservação de sua competência e garantia da autoridade de suas decisões;

k) a execução de sentença nas causas de sua competência originária, facultada a delegação de atribuições para a prática de atos processuais;

l) a ação em que todos os membros da magistratura sejam direta ou indiretamente interessados, e aquela em que mais da metade dos membros do tribunal de origem estejam impedidos ou sejam direta ou indiretamente interessados;

m) os conflitos de competência entre o Superior Tribunal de Justiça e quaisquer tribunais, entre Tribunais Superiores, ou entre estes e qualquer outro tribunal;

n) o pedido de medida cautelar das ações diretas de inconstitucionalidade;

o) o mandado de injunção, de responsabilidade da União;

p) as ações contra o Conselho Nacional de Justiça e contra o Conselho Nacional do Ministério Público;

II - julgar, em recurso ordinário:

a) o habeas corpus, o mandado de segurança, o habeas data e o mandado de injunção decididos em única instância pelos Tribunais Superiores, se denegatória a decisão;

b) o crime político ou de terrorismo;

III - julgar, mediante recurso extraordinário, as causas decididas em única ou última instância, quando a decisão recorrida:

a) contrariar dispositivo desta Constituição;

b) declarar a inconstitucionalidade de tratado ou lei federal;

c) julgar válida lei ou ato de governo local contestado em face desta Constituição.

d) julgar válida lei local contestada em face de lei federal.

§ 3º - A arguição de descumprimento de preceito fundamental, decorrente desta Constituição, será apreciada pelo Supremo Tribunal Federal, na forma da lei.

§ 4º - As decisões definitivas de mérito, proferidas pelo Supremo Tribunal Federal, nas ações diretas de inconstitucionalidade e nas ações declaratórias de constitucionalidade produzirão eficácia contra todos e efeito vinculante, relativamente aos demais órgãos do Poder Judiciário e à administração pública direta e indireta, nas esferas federal, estadual e municipal.

§ 5º - No recurso extraordinário o recorrente deverá demonstrar a repercussão geral das questões constitucionais discutidas no caso, nos termos da lei, a fim de que o Tribunal examine a admissão do recurso, somente podendo recusá-lo pela manifestação de 2/3 (dois terços) de seus membros.

Art. 155. Podem propor a ação direta de inconstitucionalidade e a ação declaratória de constitucionalidade:

I - o Presidente da República;

II - os Ministros de Estado;

III - a Mesa do Congresso Nacional;

IV - o Presidente do Conselho Popular Federal;

V - a Mesa de Assembleia Legislativa ou da Câmara Legislativa do Distrito Federal;

VI - o Governador de Estado ou do Distrito Federal;

VII - o Procurador-Geral da República;

VIII - o Conselho Federal da Ordem dos Advogados do Brasil;

IX - partido político com representação em todos os Estados;

X - confederação sindical ou entidade de classe de âmbito nacional.

§ 1º - O Procurador-Geral da República deverá ser previamente ouvido nas ações de inconstitucionalidade e em todos os processos de competência do Supremo Tribunal Federal.

§ 2º - Declarada a inconstitucionalidade por omissão de medida para tornar efetiva norma constitucional, será dada ciência ao Poder competente para a adoção das providências necessárias em 180 (cento e oitenta) dias, sob pena de sobrestamento de pauta no caso de tratar-se do Poder Legislativo, e, em se tratando de órgão administrativo, para fazê-lo em 30 (trinta) dias.

§ 3º - Quando o Supremo Tribunal Federal apreciar a inconstitucionalidade, em tese, de norma legal ou ato normativo, citará, previamente, o Advogado-Geral da União, que defenderá o ato ou texto impugnado.

Art. 156. O Supremo Tribunal Federal poderá, de ofício ou por provocação, mediante decisão de 2/3 (dois terços) dos seus membros, após reiteradas decisões sobre matéria constitucional, aprovar súmula que, a partir de sua publicação na imprensa oficial, terá efeito vinculante em relação aos demais órgãos do Poder Judiciário e à administração pública direta e indireta, nas esferas federal, estadual e municipal, bem como proceder à sua revisão ou cancelamento, na forma estabelecida em lei.

§ 1º - A súmula terá por objetivo a validade, a interpretação e a eficácia de normas determinadas, acerca das quais haja controvérsia atual entre órgãos judiciários ou entre esses e a administração pública que acarrete grave insegurança jurídica e relevante multiplicação de processos sobre questão idêntica.

§ 2º - Sem prejuízo do que vier a ser estabelecido em lei, a aprovação, revisão ou cancelamento de súmula poderá ser provocada por aqueles que podem propor a ação direta de inconstitucionalidade.

§ 3º - Do ato administrativo ou decisão judicial que contrariar a súmula aplicável ou que indevidamente a aplicar, caberá reclamação ao Supremo Tribunal Federal que, julgando-a procedente, anulará o ato administrativo ou cassará a decisão judicial reclamada, e determinará que outra seja proferida com ou sem a aplicação da súmula, conforme o caso, com responsabilização no caso de descumprimento infundado e reiterado, doloso e desproporcional.

Art. 157. O Conselho Nacional de Justiça compõe-se de 15 (quinze) membros com mandato de 2 (dois) anos, admitida 1 (uma) recondução, sendo:

I - o Presidente do Supremo Tribunal Federal;

II - 1 (um) Ministro do Superior Tribunal de Justiça, indicado pelo respectivo tribunal;

III - 1 (um) Ministro do Tribunal Superior do Trabalho, indicado pelo respectivo tribunal;

IV - 1 (um) desembargador de Tribunal de Justiça, indicado pelo Supremo Tribunal Federal;

V - 1 (um) juiz estadual, indicado pelo Supremo Tribunal Federal;

VI - 1 (um) juiz de Tribunal Regional Federal, indicado pelo Superior Tribunal de Justiça;

VII - 1 (um) juiz federal, indicado pelo Superior Tribunal de Justiça;

VIII - 1 (um) juiz de Tribunal Regional do Trabalho, indicado pelo Tribunal Superior do Trabalho;

IX - 1 (um) juiz do trabalho, indicado pelo Tribunal Superior do Trabalho;

X - 1 (um) membro do Ministério Público da União, indicado pelo Procurador-Geral da República;

XI - 1 (um) membro do Ministério Público estadual, escolhido pelo Procurador-Geral da República dentre os nomes indicados pelo órgão competente de cada instituição estadual;

XII - 2 (dois) advogados, indicados pelo Conselho Federal da Ordem dos Advogados do Brasil;

XIII - 2 (dois) cidadãos bacharéis em direito, de notável saber jurídico e reputação ilibada, indicados um pelo Congresso Nacional.

§ 1º - O Conselho será presidido pelo Presidente do Supremo Tribunal Federal e, nas suas ausências e impedimentos, pelo Vice-Presidente do Supremo Tribunal Federal.

§ 2º - Os demais membros do Conselho serão nomeados pelo Ministro da Justiça, depois de aprovada a escolha pela maioria absoluta do Congresso Nacional.

§ 3º - Não efetuadas, no prazo legal, as indicações previstas neste artigo, caberá a escolha ao Supremo Tribunal Federal.

§ 4º - Compete ao Conselho o controle da atuação administrativa e financeira do Poder Judiciário e do cumprimento dos deveres funcionais dos juízes, cabendo-lhe, além de outras atribuições que lhe forem conferidas pelo Estatuto da Magistratura:

I - zelar pela autonomia do Poder Judiciário e pelo cumprimento do Estatuto da Magistratura, podendo expedir atos regulamentares, no âmbito de sua competência, ou recomendar providências;

II - zelar pela observância do art. 51 e apreciar, de ofício ou mediante provocação, a legalidade dos atos administrativos praticados por membros ou órgãos do Poder Judiciário, podendo desconstituí-los, revê-los ou fixar prazo para que se adotem as providências necessárias ao exato cumprimento da lei, sem prejuízo da competência do Tribunal de Contas da União;

III - receber e conhecer das reclamações contra membros ou órgãos do Poder Judiciário, inclusive contra seus serviços auxiliares, serventias e órgãos prestadores de serviços notariais e de registro que atuem por delegação do Poder Público ou oficializados, sem prejuízo da competência disciplinar e correicional dos tribunais, podendo avocar processos disciplinares em curso e determinar a remoção, a disponibilidade ou a aposentadoria com subsídios ou proventos proporcionais ao tempo de serviço e aplicar outras sanções administrativas, assegurada ampla defesa;

IV - representar ao Ministério Público, no caso de crime contra a administração pública ou de abuso de autoridade;

V - rever, de ofício ou mediante provocação, os processos disciplinares de juízes e membros de tribunais julgados há menos de um ano;

VI - elaborar semestralmente relatório estatístico sobre processos e sentenças prolatadas, por unidade da Federação, nos diferentes órgãos do Poder Judiciário;

VII - elaborar relatório anual, propondo as providências que julgar necessárias, sobre a situação do Poder Judiciário no País e as atividades do Conselho, o qual deve integrar mensagem do Presidente do Supremo Tribunal Federal a ser remetida ao Congresso Nacional, por ocasião da abertura da sessão legislativa.

§ 5º - O Ministro do Superior Tribunal de Justiça exercerá a função de Ministro-Corregedor e ficará excluído da distribuição de processos no Tribunal, competindo-lhe, além das atribuições que lhe forem conferidas pelo Estatuto da Magistratura, as seguintes:

I - receber as reclamações e denúncias, de qualquer interessado, relativas aos magistrados e aos serviços judiciários;

II - exercer funções executivas do Conselho, de inspeção e de correição geral;

III - requisitar e designar magistrados, delegando-lhes atribuições, e requisitar servidores de juízos ou tribunais, inclusive nos Estados, Distrito Federal e Territórios.

§ 6º - Junto ao Conselho oficiarão o Procurador-Geral da República e o Presidente do Conselho Federal da Ordem dos Advogados do Brasil.

§ 7º - A União, inclusive no Distrito Federal e nos Territórios, criará ouvidorias de justiça, competentes para receber reclamações e denúncias de qualquer interessado contra membros ou órgãos do Poder Judiciário, ou contra seus serviços auxiliares, representando diretamente ao Conselho Nacional de Justiça.

SEÇÃO III - DO SUPERIOR TRIBUNAL DE JUSTIÇA

Art. 158. O Superior Tribunal de Justiça compõe-se de, no mínimo, trinta e três Ministros.

Parágrafo único. Os Ministros do Superior Tribunal de Justiça serão nomeados pelo Ministro da Justiça, dentre brasileiros com mais de 35 (trinta e cinco) e menos de 65 (sessenta e cinco) anos, de notável saber jurídico e reputação ilibada, depois de aprovada a escolha pela maioria absoluta do Congresso Nacional, sendo:

I - 1/3 (um terço) dentre juízes dos Tribunais Regionais Federais e 1/3 (um terço) dentre desembargadores dos Tribunais de Justiça, indicados em lista tríplice elaborada pelo próprio Tribunal;

II - 1/3 (um terço), em partes iguais, dentre advogados e membros do Ministério Público Federal, Estadual, do Distrito Federal e Territórios, alternadamente, indicados na forma do art. 146.

Art. 159. Compete ao Superior Tribunal de Justiça:

I -processar e julgar, originariamente:

a) nos crimes comuns, os Governadores dos Estados e do Distrito Federal, e, nestes e nos de responsabilidade, os Secretários Estaduais de Segurança Pública, os desembargadores dos Tribunais de Justiça dos Estados e do Distrito Federal, os membros dos Tribunais de Contas dos Estados e do Distrito Federal, os dos Tribunais Regionais Federais, dos Tribunais Regionais Eleitorais e do Trabalho, os membros dos Conselhos ou Tribunais de Contas dos Municípios e os do Ministério Público da União que oficiem perante tribunais;

b) os mandados de segurança e os habeas data contra ato dos Comandantes da Marinha, do Exército, da Aeronáutica e da Guarda Revolucionária ou do próprio Tribunal;

c) os habeas corpus, quando o coator ou paciente for qualquer das pessoas mencionadas na alínea "a", ou quando o coator for tribunal sujeito à sua jurisdição, Ministro de Estado ou Comandante da Marinha, do Exército, da Aeronáutica ou da Guarda Revolucionária, ressalvada a competência da Justiça Eleitoral;

d) os conflitos de competência entre quaisquer tribunais, ressalvado o disposto no art. 154, I, "m", bem como entre tribunal

141

e juízes a ele não vinculados e entre juízes vinculados a tribunais diversos;

e) as revisões criminais e as ações rescisórias de seus julgados;

f) a reclamação para a preservação de sua competência e garantia da autoridade de suas decisões;

g) os conflitos de atribuições entre autoridades administrativas e judiciárias da União, ou entre autoridades judiciárias de um Estado e administrativas de outro ou do Distrito Federal, ou entre as deste e da União;

h) o mandado de injunção, quando a elaboração da norma regulamentadora for atribuição de órgão, entidade ou autoridade federal, da administração direta ou indireta, excetuados os casos de competência do Supremo Tribunal Federal e dos órgãos da Justiça Militar, da Justiça Eleitoral, da Justiça do Trabalho e da Justiça Federal;

i) a homologação de sentenças estrangeiras e a concessão de exequatur às cartas rogatórias;

II - julgar, em recurso ordinário:

a) os habeas corpus decididos em única ou última instância pelos Tribunais Regionais Federais ou pelos tribunais dos Estados, do Distrito Federal e Territórios, quando a decisão for denegatória;

b) os mandados de segurança decididos em única instância pelos Tribunais Regionais Federais ou pelos tribunais dos Estados, do Distrito Federal e Territórios, quando denegatória a decisão;

c) as causas em que forem partes Estado estrangeiro ou organismo internacional, de um lado, e, do outro, Município ou pessoa residente ou domiciliada no País;

III - julgar, em recurso especial, as causas decididas, em única ou última instância, pelos Tribunais Regionais Federais ou pelos tribunais dos Estados, do Distrito Federal e Territórios, quando a decisão recorrida:

a) contrariar tratado ou lei federal, ou negar-lhes vigência;

b) julgar válido ato de governo local contestado em face de lei federal;

c) der a lei federal interpretação divergente da que lhe haja atribuído outro tribunal.

Parágrafo único. Funcionarão junto ao Superior Tribunal de Justiça:

I - a Escola Nacional de Formação e Aperfeiçoamento de Magistrados, cabendo-lhe, dentre outras funções, regulamentar os cursos oficiais para o ingresso e promoção na carreira;

II - o Conselho da Justiça Federal, cabendo-lhe exercer, na forma da lei, a supervisão administrativa e orçamentária da Justiça Federal de primeiro e segundo graus, como órgão central do sistema e com poderes correicionais, cujas decisões terão caráter vinculante.

SEÇÃO IV - DOS TRIBUNAIS REGIONAIS FEDERAIS E DOS JUÍZES FEDERAIS

Art. 160. São órgãos da Justiça Federal:

I - os Tribunais Regionais Federais;

II - os Juízes Federais.

Art. 161. Os Tribunais Regionais Federais compõem-se de, no mínimo, 15 (quinze) juízes, recrutados, quando possível, na respectiva região e nomeados pelo Ministro da Justiça dentre brasileiros com mais de 30 (trinta) e menos de 65 (sessenta e cinco) anos, sendo:

I - um quinto dentre advogados com mais de dez anos de efetiva atividade profissional e membros do Ministério Público Federal com mais de 10 (dez) anos de carreira;

II - os demais, mediante promoção de juízes federais com mais de 5 (cinco) anos de exercício, por antiguidade e merecimento, alternadamente.

§ 1º - A lei disciplinará a remoção ou a permuta de juízes dos Tribunais Regionais Federais e determinará sua jurisdição e sede.

§ 2º - Os Tribunais Regionais Federais instalarão a justiça itinerante, com a realização de audiências e demais funções da atividade jurisdicional, nos limites territoriais da respectiva jurisdição, servindo-se de equipamentos públicos e comunitários.

§ 3º - Os Tribunais Regionais Federais poderão funcionar descentralizadamente, constituindo Câmaras regionais, a fim de assegurar o pleno acesso do jurisdicionado à justiça em todas as fases do processo.

Art. 162. Compete aos Tribunais Regionais Federais:

I - processar e julgar, originariamente:

a) os juízes federais da área de sua jurisdição, incluídos os da Justiça Militar e da Justiça do Trabalho, nos crimes comuns e de responsabilidade, e os membros do Ministério Público da União, ressalvada a competência da Justiça Eleitoral;

b) as revisões criminais e as ações rescisórias de julgados seus ou dos juízes federais da região;

c) os mandados de segurança e os habeas data contra ato do próprio Tribunal ou de juiz federal;

d) os habeas corpus, quando a autoridade coatora for juiz federal;

e) os conflitos de competência entre juízes federais vinculados ao Tribunal;

II - julgar, em grau de recurso, as causas decididas pelos juízes federais e pelos juízes estaduais no exercício da competência federal da área de sua jurisdição.

Art. 163. Aos juízes federais compete processar e julgar:

I - as causas em que a União, entidade autárquica ou empresa pública federal forem interessadas na condição de autoras, rés, assistentes ou oponentes, exceto as de falência, as de acidentes de trabalho e as sujeitas à Justiça Eleitoral e à Justiça do Trabalho;

II - as causas entre Estado estrangeiro ou organismo internacional e Município ou pessoa domiciliada ou residente no País;

III - as causas fundadas em tratado ou contrato da União com Estado estrangeiro ou organismo internacional;

IV - os crimes políticos e as infrações penais praticadas em detrimento de bens, serviços ou interesse da União ou de suas entidades autárquicas ou empresas públicas, excluídas as contravenções e ressalvada a competência da Justiça Militar e da Justiça Eleitoral;

V - os crimes previstos em tratado ou convenção internacional, quando, iniciada a execução no País, o resultado tenha ou devesse ter ocorrido no estrangeiro, ou reciprocamente;

VI - as causas relativas a direitos humanos a que se refere o § 5º deste artigo;

VII - os crimes contra a organização do trabalho e, nos casos determinados por lei, contra o sistema financeiro e a ordem econômico-financeira;

VIII - os habeas corpus, em matéria criminal de sua competência ou quando o constrangimento provier de autoridade cujos atos não estejam diretamente sujeitos a outra jurisdição;

IX - os mandados de segurança e os habeas data contra ato de autoridade federal, excetuados os casos de competência dos tribunais federais;

X - os crimes cometidos a bordo de navios ou aeronaves, ressalvada a competência da Justiça Militar;

XI - os crimes de ingresso ou permanência irregular de estrangeiro, a execução de carta rogatória, após o "exequatur", e de sentença estrangeira, após a homologação, as causas referentes à nacionalidade, inclusive a respectiva opção, e à naturalização;

XII - a disputa sobre direitos indígenas.

§ 1º - As causas em que a União for autora serão aforadas na seção judiciária onde tiver domicílio a outra parte.

§ 2º - As causas intentadas contra a União poderão ser aforadas na seção judiciária em que for domiciliado o autor, naquela onde houver ocorrido o ato ou fato que deu origem à demanda ou onde esteja situada a coisa, ou, ainda, no Distrito Federal.

§ 3º - Serão processadas e julgadas na justiça estadual, no foro do domicílio dos segurados ou beneficiários, as causas em que forem parte instituição de previdência social e segurado, sempre que a comarca não seja sede de vara do juízo federal, e, se verificada essa condição, a lei poderá permitir que outras causas sejam também processadas e julgadas pela justiça estadual.

§ 4º - Na hipótese do parágrafo anterior, o recurso cabível será sempre para o Tribunal Regional Federal na área de jurisdição do juiz de primeiro grau.

§ 5º - Nas hipóteses de grave violação de direitos humanos, o Procurador-Geral da República, com a finalidade de assegurar o cumprimento de obrigações decorrentes de tratados internacionais de direitos humanos dos quais o Brasil seja parte, poderá suscitar, perante o Superior Tribunal de Justiça, em qualquer fase do inquérito ou processo, incidente de deslocamento de competência para a Justiça Federal.

Art. 164. Cada Estado, bem como o Distrito Federal, constituirá uma seção judiciária que terá por sede a respectiva Capital, e varas localizadas segundo o estabelecido em lei.

Parágrafo único. Nos Territórios Federais, a jurisdição e as atribuições cometidas aos juízes federais caberão aos juízes da justiça local, na forma da lei.

SEÇÃO V - DOS TRIBUNAIS E JUÍZES DO TRABALHO

Art. 165. São órgãos da Justiça do Trabalho:

I - o Tribunal Superior do Trabalho;

II - os Tribunais Regionais do Trabalho;

III - Juízes do Trabalho.

Art. 166. O Tribunal Superior do Trabalho compor-se-á de trinta e três Ministros, escolhidos dentre brasileiros bacharéis em direito com mais de 35 (trinta e cinco) e menos de 65 (sessenta e cinco) anos, nomeados pelo Ministro do Trabalho após aprovação pela maioria absoluta do Congresso Nacional, sendo:

I - 1/5 (um quinto) dentre advogados com mais de dez anos de efetiva atividade profissional e membros do Ministério Público do Trabalho com mais de 10 (dez) anos de efetivo exercício, observado o disposto no art. 146;

II - os demais dentre juízes dos Tribunais Regionais do Trabalho, oriundos da magistratura da carreira, indicados pelo próprio Tribunal Superior.

§ 1º - A lei disporá sobre a competência do Tribunal Superior do Trabalho.

§ 2º - Funcionarão junto ao Tribunal Superior do Trabalho:

I - a Escola Nacional de Formação e Aperfeiçoamento de Magistrados do Trabalho, cabendo-lhe, dentre outras funções, regulamentar os cursos oficiais para o ingresso e promoção na carreira;

II - o Conselho Superior da Justiça do Trabalho, cabendo-lhe exercer, na forma da lei, a supervisão administrativa, orçamentária, financeira e patrimonial da Justiça do Trabalho de primeiro e segundo graus, como órgão central do sistema, cujas decisões terão efeito vinculante.

Art. 167. A lei criará varas da Justiça do Trabalho, podendo, nas comarcas não abrangidas por sua jurisdição, atribuí-la aos juízes de direito, com recurso para o respectivo Tribunal Regional do Trabalho.

Art. 168. A lei disporá sobre a constituição, investidura, jurisdição, competência, garantias e condições de exercício dos órgãos da Justiça do Trabalho.

Art. 169. Compete à Justiça do Trabalho processar e julgar:

I - as ações oriundas da relação de trabalho, abrangidos os entes de direito público externo e da administração pública direta e indireta da União, dos Estados, do Distrito Federal e dos Municípios;

II - as ações que envolvam exercício do direito de greve;

III - as ações sobre representação sindical, entre sindicatos, entre sindicatos e trabalhadores, e entre sindicatos e empregadores;

IV - os mandados de segurança, habeas corpus e habeas data, quando o ato questionado envolver matéria sujeita à sua jurisdição;

V - os conflitos de competência entre órgãos com jurisdição trabalhista, ressalvado o disposto no art. 154, I, m;

VI - as ações de indenização por dano moral ou patrimonial, decorrentes da relação de trabalho;

VII - as ações relativas às penalidades administrativas impostas pelos órgãos de fiscalização das relações de trabalho;

VIII - a execução, de ofício, das contribuições sociais previstas no art. 269, I, a , II e III, e seus acréscimos legais, decorrentes das sentenças que proferir;

IX - outras controvérsias decorrentes da relação de trabalho, na forma da lei.

§ 1º - Frustrada a negociação coletiva, as partes poderão eleger árbitros.

§ 2º - Recusando-se qualquer das partes à negociação coletiva ou à arbitragem, é facultado às mesmas, de comum acordo, ajuizar dissídio coletivo de natureza econômica, podendo a Justiça do Trabalho decidir o conflito, respeitadas as disposições mínimas legais de proteção ao trabalho, bem como as convencionadas anteriormente.

§ 3º - Em caso de greve em atividade essencial, com possibilidade de lesão do interesse público, o Ministério Público do Trabalho poderá ajuizar dissídio coletivo, competindo à Justiça do Trabalho decidir o conflito.

Art. 170. Os Tribunais Regionais do Trabalho compõem-se de, no mínimo, 7 (sete) juízes, recrutados, quando possível, na respectiva região, e nomeados pelo Ministro da Justiça dentre brasileiros com mais de 30 (trinta) e menos de 65 (sessenta e cinco) anos, sendo:

I -- 1/5 (um quinto) dentre advogados com mais de 10 (dez) anos de efetiva atividade profissional e membros do Ministério Público do Trabalho com mais de dez anos de efetivo exercício, observado o disposto no art. 146;

II - os demais, mediante promoção de juízes do trabalho por antiguidade e merecimento, alternadamente.

§ 1º - Os Tribunais Regionais do Trabalho instalarão a justiça itinerante, com a realização de audiências e demais funções de atividade jurisdicional, nos limites territoriais da respectiva jurisdição, servindo-se de equipamentos públicos e comunitários.

§ 2º - Os Tribunais Regionais do Trabalho poderão funcionar descentralizadamente, constituindo Câmaras regionais, a fim de assegurar o pleno acesso do jurisdicionado à justiça em todas as fases do processo.

Art. 171. Nas Varas do Trabalho, a jurisdição será exercida por um juiz singular.

SEÇÃO VI - DOS TRIBUNAIS E JUÍZES ELEITORAIS

Art. 172. São órgãos da Justiça Eleitoral:

I - o Tribunal Superior Eleitoral;

II - os Tribunais Regionais Eleitorais;

III - os Juízes Eleitorais;

IV - as Juntas Eleitorais.

Art. 173. O Tribunal Superior Eleitoral compor-se-á, no mínimo, de 15 (quinze) membros, escolhidos:

I - mediante eleição, pelo voto secreto:

a) 3 (três) juízes dentre os Ministros do Supremo Tribunal Federal;

b) 3 (três) juízes dentre os Ministros do Superior Tribunal de Justiça;

II - por nomeação do Ministro da Justiça, 6 (seis) juízes dentre advogados com notável saber jurídico e idoneidade moral, indicados pelos Tribunais Regionais Eleitorais em listas tríplices.

III - por nomeação do Ministro da Justiça, 3 (três) juízes indicados pelos Tribunais Regionais Eleitorais em listas tríplices.

Parágrafo único. O Tribunal Superior Eleitoral elegerá seu Presidente e o Vice-Presidente dentre os Ministros do Supremo Tribunal Federal, e o Corregedor Eleitoral dentre os Ministros do Superior Tribunal de Justiça.

Art. 174. Haverá um Tribunal Regional Eleitoral na Capital de cada Estado e no Distrito Federal.

§ 1º - Os Tribunais Regionais Eleitorais compor-se-ão:

I - mediante eleição, pelo voto secreto:

a) de 3 (três) juízes dentre os desembargadores do Tribunal de Justiça;

b) de 3 (três) juízes, dentre juízes de direito, escolhidos pelo Tribunal de Justiça;

II - de 1 (um) juiz do Tribunal Regional Federal com sede na Capital do Estado ou no Distrito Federal, ou, não havendo, de juiz federal, escolhido, em qualquer caso, pelo Tribunal Regional Federal respectivo;

III - por nomeação, pelo Ministro da Justiça, de 2 (dois) juízes dentre seis advogados de notável saber jurídico e idoneidade moral, indicados pelo Tribunal de Justiça.

§ 2º - O Tribunal Regional Eleitoral elegerá seu Presidente e o Vice-Presidente dentre os desembargadores.

Art. 175. Lei complementar disporá sobre a organização e competência dos tribunais, dos juízes de direito e das juntas eleitorais.

§ 1º - Os membros dos tribunais, os juízes de direito e os integrantes das juntas eleitorais, no exercício de suas funções, e no que lhes for aplicável, gozarão de plenas garantias e serão inamovíveis.

§ 2º - Os juízes dos tribunais eleitorais, salvo motivo justificado, servirão por 2 (dois) anos, no mínimo, e nunca por mais de 2 (dois) biênios consecutivos, sendo os substitutos escolhidos na mesma ocasião e pelo mesmo processo, em número igual para cada categoria.

§ 3º - São irrecorríveis as decisões do Tribunal Superior Eleitoral, salvo as que contrariarem esta Constituição e as denegatórias de habeas corpus ou mandado de segurança.

§ 4º - Das decisões dos Tribunais Regionais Eleitorais somente caberá recurso quando:

I - forem proferidas contra disposição expressa desta Constituição ou de lei;

II - ocorrer divergência na interpretação de lei entre 2 (dois) ou mais tribunais eleitorais;

III - versarem sobre inelegibilidade ou expedição de diplomas nas eleições federais ou estaduais;

IV - anularem diplomas ou decretarem a perda de mandatos eletivos federais ou estaduais;

V - denegarem habeas corpus, mandado de segurança, habeas data ou mandado de injunção.

SEÇÃO VII - OS TRIBUNAIS E JUÍZES MILITARES

Art. 176. São órgãos da Justiça Militar:

I - o Superior Tribunal Militar;

II - os Tribunais e Juízes Militares instituídos por lei.

Art. 177. O Superior Tribunal Militar compor-se-á de 17 (dezessete) Ministros vitalícios, nomeados pelo Presidente da República, depois de aprovada a indicação pelo Congresso Nacional, sendo:

I - 3 (três) dentre oficiais da Marinha;

II - 3 (três) dentre oficiais do Exército;

III - 3 (três) dentre oficiais da Aeronáutica;

IV - 3 (três) oficiais da Guarda Revolucionária.

V - 3 (três) dentre advogados de notório saber jurídico e conduta ilibada, com mais de 10 (dez) anos de efetiva atividade profissional;

VI - 2 (dois), por escolha paritária, dentre juízes auditores e membros do Ministério Público da Justiça Militar.

§ 1º - Todos os militares listados nos incisos anteriores serão da ativa, bacharéis em direito, de patente igual ou superior à de Coronel.

§ 2º - Os Ministros civis serão escolhidos pelo Presidente da República dentre brasileiros maiores de 35 (trinta e cinco) anos.

Art. 178. À Justiça Militar compete processar e julgar os crimes militares definidos em lei.

Parágrafo único. A lei disporá sobre a organização, o funcionamento e a competência da Justiça Militar.

CAPÍTULO V - DAS FUNÇÕES ESSENCIAIS À JUSTIÇA

SEÇÃO I - DO MINISTÉRIO PÚBLICO

Art. 179. O Ministério Público é instituição permanente, essencial à função jurisdicional do Estado, incumbindo-lhe a defesa da ordem jurídica, do regime democrático e dos interesses sociais e individuais indisponíveis.

§ 1º - São princípios institucionais do Ministério Público a unidade, a indivisibilidade e a independência funcional.

§ 2º - Ao Ministério Público é assegurada autonomia funcional e administrativa, podendo propor ao Poder Legislativo a criação e extinção de seus cargos e serviços auxiliares, provendo-os por concurso público de provas ou de provas e títulos, a política remuneratória e os planos de carreira; a lei disporá sobre sua organização e funcionamento.

§ 3º - O Ministério Público elaborará sua proposta orçamentária dentro dos limites estabelecidos na lei de diretrizes orçamentárias.

§ 4º - Se o Ministério Público não encaminhar a respectiva proposta orçamentária dentro do prazo estabelecido na lei de diretrizes orçamentárias, o Poder Executivo considerará, para fins de consolidação da proposta orçamentária anual, os valores aprovados na lei orçamentária vigente, ajustados de acordo com os limites estipulados na forma do § 3º.

§ 5º - Se a proposta orçamentária de que trata este artigo for encaminhada em desacordo com os limites estipulados na forma do § 3º, o Poder Executivo procederá aos ajustes necessários para fins de consolidação da proposta orçamentária anual.

§ 6º - Durante a execução orçamentária do exercício, não poderá haver a realização de despesas ou a assunção de obrigações que extrapolem os limites estabelecidos na lei de diretrizes orçamentárias, exceto se previamente autorizadas, mediante a abertura de créditos suplementares ou especiais.

Art. 180. O Ministério Público abrange:

I - o Ministério Público da União, que compreende:

a) o Ministério Público Federal;

b) o Ministério Público do Trabalho;

c) o Ministério Público Militar;

d) o Ministério Público do Distrito Federal e Territórios;

II - os Ministérios Públicos dos Estados.

§ 1º - O Ministério Público da União tem por chefe o Procurador-Geral da República, nomeado pelo Ministro da Justiça dentre integrantes da carreira, maiores de 35 (trinta e cinco) anos, após a aprovação de seu nome pela maioria absoluta dos membros do Congresso Nacional, para mandato de 2 (dois) anos, permitida a recondução.

§ 2º - A destituição do Procurador-Geral da República, por iniciativa do Ministro da Justiça, deverá ser precedida de autorização da maioria absoluta do Congresso Nacional.

§ 3º - Os Ministérios Públicos dos Estados e o do Distrito Federal e Territórios formarão lista tríplice dentre integrantes da carreira, na forma da lei respectiva, para escolha de seu Procurador-Geral, que será nomeado pelo Ministro da Justiça, para mandato de 2 (dois) anos, permitida uma recondução.

§ 4º - Os Procuradores-Gerais nos Estados e no Distrito Federal e Territórios poderão ser destituídos por deliberação da maioria absoluta do Poder Legislativo, na forma da lei complementar respectiva.

§ 5º - Leis complementares da União e dos Estados, cuja iniciativa é facultada aos respectivos Procuradores-Gerais, estabelecerão a

155

organização, as atribuições e o estatuto de cada Ministério Público, observadas, relativamente a seus membros:

I - as seguintes garantias:

a) vitaliciedade, após 2 (dois) anos de exercício, não podendo perder o cargo senão por sentença judicial transitada em julgado;

b) inamovibilidade, salvo por motivo de interesse público, mediante decisão do órgão colegiado competente do Ministério Público, pelo voto da maioria absoluta de seus membros, assegurada ampla defesa;

c) irredutibilidade de subsídio, fixado na forma do art. 39, § 4º, e ressalvado o disposto nos arts. 51, XV e XVI, 220, II, 223, III, 223, § 2º, I;

II - as seguintes vedações:

a) receber, a qualquer título e sob qualquer pretexto, honorários, percentagens ou custas processuais;

b) exercer a advocacia;

c) participar de sociedade comercial, na forma da lei;

d) exercer, ainda que em disponibilidade, qualquer outra função pública, salvo uma de magistério;

e) exercer atividade político-partidária, formal ou informal;

f) receber, a qualquer título ou pretexto, auxílios ou contribuições de pessoas físicas, entidades públicas ou privadas, ressalvadas as exceções previstas em lei.

§ 6º - Aplica-se aos membros do Ministério Público o disposto no art. 147, parágrafo único, VI.

Art. 181. São funções institucionais do Ministério Público:

I - promover, privativamente, a ação penal pública, na forma da lei;

II - zelar pelo efetivo respeito dos Poderes Públicos e dos serviços de relevância pública aos direitos assegurados nesta Constituição, promovendo as medidas necessárias a sua garantia;

III - promover o inquérito civil e a ação civil pública, para a proteção do patrimônio público e social, do meio ambiente e de outros interesses difusos e coletivos;

IV - promover a ação de inconstitucionalidade ou representação para fins de intervenção da União e dos Estados, nos casos previstos nesta Constituição;

V - defender judicialmente os direitos e interesses das populações indígenas;

VI - expedir notificações nos procedimentos administrativos de sua competência, requisitando informações e documentos para instruí-los, na forma da lei complementar respectiva;

VII - exercer o controle externo da atividade policial, na forma da lei complementar mencionada no artigo anterior;

VIII - requisitar diligências investigatórias e a instauração de inquérito policial, indicados os fundamentos jurídicos de suas manifestações processuais;

IX - exercer outras funções que lhe forem conferidas, desde que compatíveis com sua finalidade, sendo-lhe proibida a representação judicial e a consultoria jurídica de entidades públicas.

§ 1º - A legitimação do Ministério Público para as ações civis previstas neste artigo não impede a de terceiros, nas mesmas hipóteses, segundo o disposto nesta Constituição e na lei.

§ 2º - As funções do Ministério Público só podem ser exercidas por integrantes da carreira, que deverão residir na comarca da respectiva lotação, salvo autorização do chefe da instituição.

§ 3º - O ingresso na carreira do Ministério Público far-se-á mediante concurso público de provas e títulos, assegurada a participação da Ordem dos Advogados do Brasil em sua realização, exigindo-se o título de bacharel em direito e observando-se, nas nomeações, a ordem de classificação.

§ 4º - Aplica-se ao Ministério Público, no que couber, o disposto no art. 145.

§ 5º - A distribuição de processos no Ministério Público será imediata.

Art. 182. Aos membros do Ministério Público junto aos Tribunais de Contas aplicam-se as disposições desta seção pertinentes a direitos, vedações e forma de investidura.

Art. 183. O Conselho Nacional do Ministério Público compõe-se de 20 (vinte e um) membros nomeados pelo Ministro da Justiça, depois de aprovada a escolha pela maioria absoluta do Congresso Nacional, para um mandato de 2 (dois) anos, admitida uma recondução, sendo:

I - o Procurador-Geral da República, que o preside;

II - 4 (quatro) membros do Ministério Público da União, assegurada a representação de cada uma de suas carreiras;

III - 4 (quatro) membros do Ministério Público dos Estados;

IV - 4 (quatro) juízes, indicados dois pelo Supremo Tribunal Federal e 2 (dois) pelo Superior Tribunal de Justiça;

V - 4 (quatro) advogados, indicados pelo Conselho Federal da Ordem dos Advogados do Brasil;

VI - 4 (quatro) cidadãos com grau de bacharel em direito, notável saber jurídico e reputação ilibada, indicados pelo Congresso Nacional.

§ 1º - Os membros do Conselho oriundos do Ministério Público serão indicados pelos respectivos Ministérios Públicos, na forma da lei.

§ 2º - Compete ao Conselho Nacional do Ministério Público o controle da atuação administrativa e financeira do Ministério Público e do cumprimento dos deveres funcionais de seus membros, cabendo lhe:

I - zelar pela autonomia funcional e administrativa do Ministério Público, podendo expedir atos regulamentares, no âmbito de sua competência, ou recomendar providências;

II - zelar pela observância do art. 51 e apreciar, de ofício ou mediante provocação, a legalidade dos atos administrativos praticados por membros ou órgãos do Ministério Público da União e dos Estados, podendo desconstituí-los, revê-los ou fixar prazo para que se adotem as providências necessárias ao exato cumprimento da lei, sem prejuízo da competência dos Tribunais de Contas;

III - receber e conhecer das reclamações contra membros ou órgãos do Ministério Público da União ou dos Estados, inclusive contra seus serviços auxiliares, sem prejuízo da competência disciplinar e correicional da instituição, podendo avocar processos disciplinares em curso, determinar a remoção, a disponibilidade ou a aposentadoria com subsídios ou proventos proporcionais ao tempo de serviço e aplicar outras sanções administrativas, assegurada ampla defesa;

IV - rever, de ofício ou mediante provocação, os processos disciplinares de membros do Ministério Público da União ou dos Estados julgados há menos de três anos;

V - elaborar relatório anual, propondo as providências que julgar necessárias sobre a situação do Ministério Público no País e as atividades do Conselho, o qual deve integrar a mensagem prevista no art. 87, VI.

§ 3º - O Conselho escolherá, em votação secreta, um Corregedor nacional, dentre os membros do Ministério Público que o integram, proibida a recondução, competindo-lhe, além das atribuições que lhe forem conferidas pela lei, as seguintes:

I - receber reclamações e denúncias, de qualquer interessado, relativas aos membros do Ministério Público e dos seus serviços auxiliares;

II - exercer funções executivas do Conselho, de inspeção e correição geral;

III - requisitar e designar membros do Ministério Público, delegando-lhes atribuições, e requisitar servidores de órgãos do Ministério Público.

§ 4º - O Presidente do Conselho Federal da Ordem dos Advogados do Brasil oficiará junto ao Conselho.

§ 5º - Leis da União e dos Estados criarão ouvidorias do Ministério Público, competentes para receber reclamações e denúncias de qualquer interessado contra membros ou órgãos do Ministério Público, inclusive contra seus serviços auxiliares, representando diretamente ao Conselho Nacional do Ministério Público.

SEÇÃO II - DA ADVOCACIA PÚBLICA

Art. 184. A Advocacia-Geral da União é a instituição que, diretamente ou através de órgão vinculado, representa a União, judicial e extrajudicialmente, cabendo-lhe, nos termos da lei complementar que dispuser sobre sua organização e funcionamento, as atividades de consultoria e assessoramento jurídico do Poder Executivo.

§ 1º - A Advocacia-Geral da União tem por chefe o Advogado-Geral da União, de livre nomeação por maioria simples do Conselho de Ministros, dentre cidadãos mestres em direito maiores de 35 (trinta e cinco) anos, de notável saber jurídico e reputação ilibada.

§ 2º - O ingresso nas classes iniciais das carreiras da instituição de que trata este artigo far-se-á mediante concurso público de provas e títulos.

§ 3º - Na execução da dívida ativa de natureza tributária, a representação da União cabe à Procuradoria-Geral da Fazenda Nacional, observado o disposto em lei.

Art. 185. Os Procuradores dos Estados e do Distrito Federal, organizados em carreira, na qual o ingresso dependerá de concurso público de provas e títulos, com a participação da Ordem dos Advogados do Brasil em todas as suas fases, exercerão a representação judicial e a consultoria jurídica das respectivas unidades federadas.

Parágrafo único. Aos procuradores referidos neste artigo é assegurada estabilidade após 2 (dois) anos de efetivo exercício, mediante avaliação de desempenho perante os órgãos próprios, após relatório circunstanciado das corregedorias.

SEÇÃO III - DA ADVOCACIA

Art. 186. O advogado é indispensável à administração da justiça, sendo inviolável por seus atos e manifestações no exercício da profissão, nos limites da lei.

SEÇÃO IV - DA DEFENSORIA PÚBLICA

Art. 187. A Defensoria Pública, presente em todos os Estados, é instituição permanente, essencial à função jurisdicional do Estado, incumbindo-lhe, como expressão e instrumento do regime democrático, fundamentalmente, a orientação jurídica, a promoção dos direitos humanos e a defesa, em todos os graus, judicial e extrajudicial, dos direitos individuais e coletivos, de forma integral e gratuita, na forma do inciso LXXIV do art. 5º desta Constituição Federal.

§ 1º - Lei complementar organizará a Defensoria Pública da União e do Distrito Federal e dos Territórios e prescreverá normas gerais para sua organização nos Estados, em cargos de carreira, providos, na classe inicial, mediante concurso público de provas e títulos, assegurada a seus integrantes a garantia da inamovibilidade e proibido o exercício da advocacia fora das atribuições institucionais.

§ 2º - Às Defensorias Públicas da União, dos Estados e do Distrito Federal são asseguradas autonomia funcional e administrativa e a iniciativa de sua proposta orçamentária dentro dos limites estabelecidos na lei de diretrizes orçamentárias e subordinação ao disposto no art. 151, § 2º.

§ 3º - São princípios institucionais da Defensoria Pública a unidade, a indivisibilidade e a independência funcional, aplicando-se também, no que couber, o disposto no art. 145 e no inciso II do art. 148 desta Constituição Federal.

§ 4º - As Defensorias Públicas realizarão concurso público anual de provas ou de provas e títulos objetivando o preenchimento de todos os cargos vagos, sob pena de crime de responsabilidade.

§ 5º - As Defensorias Públicas terão quadro adicional de Defensores Públicos com objetivo de disponibilizar, em tempo integral, no mínimo 1 (um) representante por unidade prisional com até 100 (cem) detentos, 2 (dois) representantes por unidade prisional com até 1000 (mil) detentos e 3 (três) representantes por unidade prisional com mais de mil detentos, independente do regime prisional.

§ 6º - A cada 3 (três) anos, as Defensorias Públicas poderão ter seus quadros funcionais expandidos em até 10% (dez por cento), desde que apoiadas por documento assinado por 2/3 (dois terços) de seus

Defensores Públicos atestando a sobrecarga de trabalho e incapacidade de exercício pleno de suas funções.

Art. 188. Os servidores integrantes das carreiras disciplinadas nas Seções II e III deste Capítulo serão remunerados na forma do art. 53, § 4º.

TÍTULO V - DA DEFESA DO ESTADO E DAS INSTITUIÇÕES DEMOCRÁTICAS

CAPÍTULO I - DO ESTADO DE DEFESA E DO ESTADO DE SÍTIO

SEÇÃO I - DO ESTADO DE DEFESA

Art. 189. O Presidente da República pode, ouvidos o Conselho Popular Federal e o Conselho de Defesa Nacional, decretar estado de defesa para preservar ou prontamente restabelecer, em locais restritos e determinados, a ordem pública ou a paz social ameaçadas por grave e iminente instabilidade institucional ou atingidas por calamidades de grandes proporções na natureza.

§ 1º - O decreto que instituir o estado de defesa determinará o tempo de sua duração, especificará as áreas a serem abrangidas e indicará, nos termos e limites da lei, as medidas coercitivas a vigorarem, dentre as seguintes:

I - restrições aos direitos de:

    a) reunião, ainda que exercida no seio das associações;

    b) sigilo de correspondência;

    c) sigilo de comunicação telegráfica, telefônica e digital;

II - ocupação e uso temporário de bens e serviços públicos, na hipótese de calamidade pública, respondendo a União pelos danos e custos decorrentes.

§ 2º - O tempo de duração do estado de defesa não será superior a 30 (trinta) dias, podendo ser prorrogado uma vez, por igual período, se persistirem as razões que justificaram a sua decretação.

§ 3º - Na vigência do estado de defesa:

I - a prisão por crime contra o Estado, determinada pelo executor da medida, será por este comunicada imediatamente ao juiz competente, que a relaxará, se não for legal, devendo ser realizado exame de corpo de delito em todos os casos;

II - a comunicação será acompanhada de declaração, pela autoridade e pelo Defensor Público, do estado físico e mental do detido no momento de sua autuação;

III - a prisão ou detenção de qualquer pessoa não poderá ser superior a 10 (dez) dias, salvo quando autorizada pelo Poder Judiciário;

IV - é proibida a incomunicabilidade do preso.

§ 4º - Decretado o estado de defesa ou sua prorrogação, o Presidente da República, dentro de 24 (vinte e quatro) horas, submeterá o ato com a respectiva justificação ao Congresso Nacional, que decidirá por maioria absoluta.

§ 5º - Se o Congresso Nacional estiver em recesso, será convocado, extraordinariamente, no prazo de 24 (vinte e quatro) horas.

§ 6º - O Congresso Nacional apreciará o decreto dentro de 10 (dez) dias contados de seu recebimento, devendo continuar funcionando enquanto vigorar o estado de defesa.

§ 7º - Rejeitado o decreto, cessa imediatamente o estado de defesa.

SEÇÃO II - DO ESTADO DE SÍTIO

Art. 190. O Presidente da República pode, ouvidos o Conselho Popular Federal e o Conselho de Defesa Nacional, solicitar ao Congresso Nacional autorização para decretar o estado de sítio nos casos de:

I - comoção grave de repercussão nacional ou ocorrência de fatos que comprovem a ineficácia de medida tomada durante o estado de defesa;

II - declaração de estado de guerra ou resposta a agressão armada estrangeira.

Parágrafo único. O Presidente da República, ao solicitar autorização para decretar o estado de sítio ou sua prorrogação, relatará os motivos determinantes do pedido, devendo o Congresso Nacional decidir por maioria absoluta.

Art. 191. O decreto do estado de sítio indicará sua duração, as normas necessárias a sua execução e as garantias constitucionais que ficarão suspensas, e, depois de publicado, o Presidente da República designará o executor das medidas específicas e as áreas abrangidas.

§ 1º - O estado de sítio, no caso do art. 190, I, não poderá ser decretado por mais de 30 (trinta) dias, nem prorrogado, de cada vez, por prazo superior; no do inciso II, poderá ser decretado por todo o tempo que perdurar a guerra ou a agressão armada estrangeira.

§ 2º - Solicitada autorização para decretar o estado de sítio durante o recesso parlamentar, o Presidente do Congresso Nacional, de imediato, convocará extraordinariamente o Congresso Nacional para se reunir dentro de 24 (vinte e quatro) horas, a fim de apreciar o ato.

§ 3º - O Congresso Nacional permanecerá em funcionamento até o término das medidas coercitivas.

Art. 192. Na vigência do estado de sítio decretado com fundamento no art. 137, I, só poderão ser tomadas contra as pessoas as seguintes medidas:

I - obrigação de permanência em localidade determinada;

II - detenção em edifício não destinado a acusados ou condenados por crimes comuns, com fiscalização em tempo integral de Defensor Público;

III - restrições relativas à inviolabilidade da correspondência, ao sigilo das comunicações, à prestação de informações e à liberdade de imprensa, radiodifusão e televisão, na forma da lei;

IV - suspensão da liberdade de reunião;

V - busca e apreensão em domicílio;

VI - intervenção nas empresas de serviços públicos;

VII - requisição de bens.

Parágrafo único. Não se inclui nas restrições do inciso III a difusão de pronunciamentos de parlamentares efetuados no Congresso Nacional, desde que liberado pela Mesa.

SEÇÃO III - DISPOSIÇÕES GERAIS

Art. 193. A Mesa do Congresso Nacional, ouvidos os líderes partidários, designará Comissão composta de 5 (cinco) de seus membros para acompanhar e fiscalizar a execução das medidas referentes ao estado de defesa e ao estado de sítio.

Art. 194. Cessado o estado de defesa ou o estado de sítio, cessarão também seus efeitos, sem prejuízo da responsabilidade pelos ilícitos cometidos por seus executores ou agentes.

*Parágrafo único.*Logo que cesse o estado de defesa ou o estado de sítio, as medidas aplicadas em sua vigência serão relatadas pelo Presidente da República, em mensagem ao Congresso Nacional, com especificação e justificação das providências adotadas, com relação nominal dos atingidos e indicação das restrições aplicadas.

CAPÍTULO II - DAS FORÇAS ARMADAS

Art. 195. As Forças Armadas, constituídas pela Aeronáutica, Pela Guarda Revolucionária, pelo Exército e pela Marinha, são instituições nacionais permanentes e regulares, organizadas com base na hierarquia e na disciplina, sob a autoridade suprema do Presidente da República, e destinam-se à defesa da Pátria, à garantia dos poderes constitucionais e, por iniciativa de qualquer destes, da lei e da ordem.

§ 1º - Lei complementar estabelecerá as normas gerais a serem adotadas na organização, no preparo e no emprego das Forças Armadas.

§ 2º - As Forças Armadas serão intelectualmente treinadas obedecendo os preceitos de que:

I - a todas as Forças será ministrada instrução intelectual em economia marxista, com carga horária mínima de 70 (setenta horas), e em Direito Internacional Humanitário, com carga horária mínima de 70 (setenta) horas;

II - a Guarda Revolucionária ministrará instrução intelectual na forma de curso superior em Teoria Comunista a todos os seus efetivos, com carga horária mínima de 3000 (três mil) horas.

§ 3º - a Guarda Revolucionária realizará a coordenação superior da segurança de todos os órgãos e entidades públicas.

§ 4º - Não caberá habeas corpus em relação a punições disciplinares militares.

§ 5º - Os membros das Forças Armadas são denominados militares, aplicando-se-lhes, além das que vierem a ser fixadas em lei, as seguintes disposições:

III - as patentes, com prerrogativas, direitos e deveres a elas inerentes, são conferidas pelo Presidente da República e asseguradas em plenitude aos oficiais da ativa, da reserva ou reformados, sendo-lhes privativos os títulos e postos militares e, juntamente com os demais membros, o uso dos uniformes das Forças Armadas;

IV - o militar em atividade que tomar posse em cargo ou emprego público civil permanente, ressalvada a hipótese prevista no art. 51, inciso XXI, será transferido para a reserva, nos termos da lei;

V - o militar da ativa que, de acordo com a lei, tomar posse em cargo, emprego ou função pública civil temporária, não eletiva, ainda que da administração indireta, ressalvada a hipótese prevista no art. 51, inciso XXI, alínea "c", ficará agregado ao respectivo quadro e somente poderá, enquanto permanecer nessa situação, ser promovido por antiguidade, contando-se-lhe o tempo de serviço apenas para aquela promoção e transferência para a reserva, sendo depois de 2 (dois) anos de afastamento, contínuos ou não, transferido para a reserva, nos termos da lei;

VI - ao militar são proibidas a sindicalização e a greve;

VII - o militar, enquanto em serviço ativo, não pode estar filiado a partidos políticos;

VIII - o oficial só perderá o posto e a patente se for julgado indigno do oficialato ou com ele incompatível, por decisão de tribunal militar de caráter permanente, em tempo de paz, ou de tribunal especial, em tempo de guerra;

IX - o oficial condenado na justiça comum ou militar a pena privativa de liberdade, por sentença transitada em julgado, será submetido ao julgamento previsto no inciso anterior;

X - aplica-se aos militares o disposto no art. 10, incisos VIII, XII, XVII, XVIII, XIX e XXV, e no art. 51, incisos XVI, XVIII, XIX e XX, bem como, na forma da lei e com prevalência da atividade militar, no art. 51, inciso XXI, alínea "c";

XI - a lei disporá sobre o ingresso nas Forças Armadas, os limites de idade, a estabilidade e outras condições de transferência do militar para a inatividade, os direitos, os deveres, a remuneração, as prerrogativas e outras situações especiais dos militares, consideradas as peculiaridades de suas atividades, inclusive aquelas cumpridas por força de compromissos internacionais e de guerra.

Art. 196. O serviço militar é obrigatório para homens e facultativo para as mulheres nos termos da lei.

§ 1º - às Forças Armadas compete, na forma da lei, atribuir serviço alternativo aos que, em tempo de paz, após alistados, alegarem imperativo de consciência, entendendo-se como tal o decorrente de crença religiosa e de convicção filosófica ou política, para se eximirem de atividades de caráter essencialmente militar.

§ 2º - Os eclesiásticos ficam isentos do serviço militar obrigatório em tempo de paz, sujeitos, porém, a outros encargos que a lei lhes atribuir.

CAPÍTULO III - DA SEGURANÇA PÚBLICA

SEÇÃO I - DA SEGURANÇA PÚBLICA NACIONAL

Art. 197. A segurança pública, dever do Estado, direito e responsabilidade de todos, é exercida para a preservação da ordem pública e da incolumidade das pessoas e do patrimônio, através dos seguintes órgãos:

I - polícia federal;

II - polícia rodoviária federal;

III - polícia ferroviária federal;

IV - polícia de portos e fronteiras;

V - polícia cibernética federal;

VI - polícia escolar;

VII - polícia universitária;

VIII - polícia hospitalar;

§ 1º - Aos candidatos a concurso público para tais órgãos, excetuados os cargos administrativos e das polícias escolar, universitária e hospitalar, é exigida experiência de 2 (dois) anos nos órgãos de segurança pública estaduais.

§ 2º - Condenação penal transitada em julgado impede a participação em concurso público para esses órgãos.

Art. 198. A polícia federal, instituída por lei como órgão permanente, organizado e mantido pela União e estruturado em carreira, destina-se a:

I - apurar infrações penais contra a ordem política e social ou em detrimento de bens, serviços e interesses da União ou de suas entidades autárquicas e empresas públicas, assim como outras infrações cuja prática tenha repercussão interestadual ou internacional e exija repressão uniforme, segundo se dispuser em lei;

II - apurar, em conjunto com as polícias estaduais e municipais, os crimes relativos a tortura, execução e desaparecimento forçado;

III - prevenir e reprimir o tráfico de entorpecentes e drogas afins, o contrabando e o descaminho, sem prejuízo da ação fazendária e de outros órgãos públicos nas respectivas áreas de competência;

IV - exercer, com exclusividade, as funções de polícia judiciária da União.

Art. 199. A polícia rodoviária federal, órgão permanente, organizado e mantido pela União e estruturado em carreira, destina-se, na forma da lei, ao patrulhamento ostensivo das rodovias federais.

Art. 200. A polícia ferroviária federal, órgão permanente, organizado e mantido pela União e estruturado em carreira, destina-se, na forma da lei, ao patrulhamento ostensivo das ferrovias federais.

Art. 201. A polícia de portos e fronteiras, órgão permanente, organizado e mantido pela União e estruturado em carreira, destina-se, na forma da lei, a exercer as funções de polícia marítima, aeroportuária e de fronteiras;

Art. 202. A polícia cibernética federal, órgão permanente, organizado e mantido pela União e estruturado em carreira, destina-se, na forma da lei, à resolução de crimes cibernéticos.

Art. 203. As polícias escolares e universitárias, órgãos permanentes, organizados e mantidos pela União sob responsabilidade do Ministério da Educação e estruturado em carreira, destina-se, na forma da lei, a exercer as funções de policiamento em áreas de escolas e universidades, respectivamente;

Art. 204. A polícia hospitalar, órgão permanente, organizado e mantido pela União sob responsabilidade do Ministério da Saúde e estruturado em carreira, destina-se, na forma da lei, ao policiamento de áreas hospitalares e de assistência social, nos termos desta Constituição.

SEÇÃO II - DA SEGURANÇA PÚBLICA ESTADUAL

Art. 205. A segurança pública dos Estados é exercida para a preservação da ordem pública e da incolumidade das pessoas e do patrimônio, através dos seguintes órgãos não militares:

I - polícias civis;

II - corpos de bombeiros.

Art. 206. Às polícias civis, estruturadas em carreira, incumbem, ressalvada a competência da União:

I - as funções de polícia judiciária;

II - a apuração de infrações penais, exceto as militares;

III - polícia ostensiva;

IV - a preservação da ordem pública.

Art. 207. Aos corpos de bombeiros, além das atribuições definidas em lei, incumbe a execução de atividades de defesa civil.

§ 1º - As polícias civis e os corpos de bombeiros subordinam-se aos Secretários Estaduais de Segurança Pública dos Estados, do Distrito Federal e dos Territórios.

§ 2º - A lei disciplinará a organização e o funcionamento dos órgãos responsáveis pela segurança pública, de maneira a garantir a eficiência de suas atividades e a proteção aos direitos humanos.

§ 3º - Aos candidatos a concurso público para tais órgãos, excetuados os cargos administrativos, é exigida experiência de 2 (dois) anos nos órgãos de segurança pública municipais.

§ 4º - Condenação penal gera impedimento à participação em concurso público para tais órgãos.

SEÇÃO III - DA SEGURANÇA PÚBLICA MUNICIPAL

Art. 208. A segurança pública dos Municípios é exercida para a preservação da ordem pública e da incolumidade das pessoas e do patrimônio, através dos seguintes órgãos:

I - polícias comunitárias;

II - guardas municipais;

Art. 209. Às polícias comunitárias cabem a polícia ostensiva e a preservação da ordem pública, com alocação de policiais em postos fixos em cada comunidade, de acordo com a lei, observando-se:

I - a alocação dos policiais de acordo com a proximidade do local de moradia.

II - a escolha pela comunidade dos policiais que deverão ou não ali atuar, nos termos da lei.

III - a subordinação dos policiais comunitários aos costumes e práticas de cada comunidade, respeitados os parâmetros legais.

Parágrafo único. Os policiais comunitários deverão possuir nível superior em qualquer área, sendo treinados para prestarem, além de suas funções primárias, as de auxiliares de enfermagem, oferecendo assistência em casos de emergência e prestando serviços de básicos de saúde sempre que requisitados, sendo devidamente equipados para isso.

Art. 210. Os Municípios constituirão guardas municipais destinadas à proteção de seus bens, serviços, instalações e à segurança pública conforme dispuser a lei.

SEÇÃO IV - DISPOSIÇÕES GERAIS

Art. 211. A remuneração dos servidores policiais integrantes dos órgãos relacionados neste artigo será fixada na forma do § 4º do art. 53.

Art. 212. A segurança viária, exercida para a preservação da ordem pública e da incolumidade das pessoas e do seu patrimônio nas vias públicas:

I - compreende a educação, engenharia e fiscalização de trânsito, além de outras atividades previstas em lei, que assegurem ao cidadão o direito à mobilidade urbana eficiente;

II - compete, no âmbito dos Estados, do Distrito Federal e dos Municípios, aos respectivos órgãos ou entidades executivos e seus agentes de trânsito, estruturados em Carreira, na forma da lei.

TÍTULO VI - DA TRIBUTAÇÃO E DO ORÇAMENTO

CAPÍTULO I - DO SISTEMA TRIBUTÁRIO NACIONAL

SEÇÃO I - DOS PRINCÍPIOS GERAIS

Art. 213. A União, os Estados, o Distrito Federal e os Municípios poderão instituir os seguintes tributos:

I - impostos;

II - taxas, em razão do exercício do poder de polícia ou pela utilização, efetiva ou potencial, de serviços públicos específicos e divisíveis, prestados ao contribuinte ou postos a sua disposição;

III - contribuição de melhoria, decorrente de obras públicas.

§ 1º - Sempre que possível, os impostos terão caráter pessoal e serão graduados segundo a capacidade econômica do contribuinte, facultado à administração tributária, especialmente para conferir efetividade a esses objetivos, identificar, respeitados os direitos individuais e nos termos da lei, o patrimônio, os rendimentos e as atividades econômicas do contribuinte.

§ 2º - As taxas não poderão ter base de cálculo própria de impostos.

Art. 214. Cabe à lei complementar:

I - dispor sobre conflitos de competência, em matéria tributária, entre a União, os Estados, o Distrito Federal e os Municípios;

II - regular as limitações constitucionais ao poder de tributar;

III - estabelecer normas gerais em matéria de legislação tributária, especialmente sobre:

a) definição de tributos e de suas espécies, bem como, em relação aos impostos discriminados nesta Constituição, a dos respectivos fatos geradores, bases de cálculo e contribuintes;

b) obrigação, lançamento, crédito, prescrição e decadência tributários;

c) definição de tratamento diferenciado e favorecido para as cooperativas de pequeno porte, inclusive regimes especiais ou simplificados no caso das contribuições previstas no art. 269, I e §§ 12 e 13, e da contribuição a que se refere o art. 324.

Parágrafo único. A lei complementar de que trata o inciso III, d, também poderá instituir um regime único de arrecadação dos impostos e contribuições da União, dos Estados, do Distrito Federal e dos Municípios, observado que:

I - será opcional para o contribuinte;

II - poderão ser estabelecidas condições de enquadramento diferenciadas por Estado;

III - o recolhimento será unificado e centralizado e a distribuição da parcela de recursos pertencentes aos respectivos entes federados será imediata, proibida qualquer retenção ou condicionamento;

IV - a arrecadação, a fiscalização e a cobrança poderão ser compartilhadas pelos entes federados, adotado cadastro nacional único de contribuintes.

Art. 215. Lei complementar poderá estabelecer critérios especiais de tributação, com o objetivo de prevenir desequilíbrios da concorrência, sem prejuízo da competência de a União, por lei, estabelecer normas de igual objetivo.

Art. 216. Competem à União, em Território Federal, os impostos estaduais e, se o Território não for dividido em Municípios, cumulativamente, os impostos municipais; ao Distrito Federal cabem os impostos municipais.

Art. 217. A União, mediante lei complementar, poderá instituir empréstimos compulsórios:

I - para atender a despesas extraordinárias, decorrentes de calamidade pública, de guerra externa ou sua iminência;

II - no caso de investimento público de caráter urgente e de relevante interesse nacional, observado o disposto no art. 220, III, "b".

Parágrafo único. A aplicação dos recursos provenientes de empréstimo compulsório será vinculada à despesa que fundamentou sua instituição.

Art. 218. Compete exclusivamente à União instituir contribuições sociais, de intervenção no domínio econômico e de interesse das categorias profissionais ou econômicas, como instrumento de sua atuação nas respectivas áreas, observado o disposto nos arts. 214, III, e 220, I e III, e sem prejuízo do previsto no art. 269, § 6º, relativamente às contribuições a que alude o dispositivo.

§ 1º - Os Estados, o Distrito Federal e os Municípios instituirão contribuição, cobrada de seus servidores, para o custeio, em benefício destes, do regime previdenciário de que trata o art. 54, cuja alíquota não será inferior à da contribuição dos servidores titulares de cargos efetivos da União.

§ 2º - As contribuições sociais e de intervenção no domínio econômico de que trata o caput deste artigo:

I - não incidirão sobre as receitas decorrentes de exportação;

II - incidirão também sobre a importação de produtos estrangeiros ou serviços;

III - poderão ter alíquotas:

a) ad valorem, tendo por base o faturamento, a receita bruta ou o valor da operação e, no caso de importação, o valor aduaneiro;

b) específica, tendo por base a unidade de medida adotada.

§ 3º - A pessoa natural destinatária das operações de importação poderá ser equiparada a pessoa jurídica, na forma da lei.

§ 4º - A lei definirá as hipóteses em que as contribuições incidirão uma única vez.

Art. 219. Os Municípios e o Distrito Federal poderão instituir contribuição, na forma das respectivas leis, para o custeio do serviço de iluminação pública, observado o disposto no art. 220, I e III.

Parágrafo único. É facultada a cobrança na fatura de consumo de energia elétrica.

SEÇÃO II - DAS LIMITAÇÕES DO PODER DE TRIBUTAR

Art. 220. Sem prejuízo de outras garantias asseguradas ao contribuinte, é proibido à União, aos Estados, ao Distrito Federal e aos Municípios:

I - exigir ou aumentar tributo sem lei que o estabeleça;

II - instituir tratamento desigual entre contribuintes que se encontrem em situação equivalente, proibida qualquer distinção em razão de ocupação profissional ou função por eles exercida, independentemente da denominação jurídica dos rendimentos, títulos ou direitos;

III - cobrar tributos:

a) em relação a fatos geradores ocorridos antes do início da vigência da lei que os houver instituído ou aumentado;

b) no mesmo exercício financeiro em que haja sido publicada a lei que os instituiu ou aumentou;

c) antes de decorridos 90 (noventa) dias da data em que haja sido publicada a lei que os instituiu ou aumentou, observado o disposto na alínea b;

IV - utilizar tributo com efeito de confisco;

V - estabelecer limitações ao tráfego de pessoas ou bens, por meio de tributos interestaduais ou intermunicipais, ressalvada a cobrança de pedágio pela utilização de vias conservadas pelo Poder Público;

VI - instituir impostos sobre:

a) patrimônio, renda ou serviços, uns dos outros;

b) patrimônio, renda ou serviços dos partidos políticos, inclusive suas fundações, das entidades sindicais dos trabalhadores e de assistência social, sem fins lucrativos, atendidos os requisitos da lei;

c) livros, jornais, periódicos e os insumos destinados à sua impressão.

d) fonogramas e videofonogramas musicais produzidos no Brasil contendo obras musicais ou literomusicais de autores brasileiros e/ou obras em geral interpretadas por artistas brasileiros bem como os suportes materiais ou arquivos digitais que os contenham, salvo na etapa de replicação industrial de mídias ópticas de leitura a laser.

§ 1° - A vedação do inciso III, b, não se aplica aos tributos previstos nos arts. 217, I, 223, I, II, IV e V; e 224, II; e a vedação do inciso III, c, não se aplica aos tributos previstos nos arts. 217, I, 223, I, II, III e V; e 224, II, nem à fixação da base de cálculo dos impostos previstos nos arts. 225, III, e 226, I.

§ 2º - A vedação do inciso VI, "a", é extensiva às autarquias e às fundações instituídas e mantidas pelo Poder Público, no que se refere ao patrimônio, à renda e aos serviços, vinculados a suas finalidades essenciais ou às delas decorrentes.

§ 3º - As vedações do inciso VI, "a", e do parágrafo anterior não se aplicam ao patrimônio, à renda e aos serviços, relacionados com exploração de atividades econômicas regidas pelas normas aplicáveis a empreendimentos privados, ou em que haja contraprestação ou pagamento de preços ou tarifas pelo usuário, nem exonera o promitente comprador da obrigação de pagar imposto relativamente ao bem imóvel.

§ 4º - As vedações expressas no inciso VI, alíneas "b" e "c", compreendem somente o patrimônio, a renda e os serviços, relacionados com as finalidades essenciais das entidades nelas mencionadas.

§ 5º - A lei determinará medidas para que os consumidores sejam esclarecidos acerca dos impostos que incidam sobre mercadorias e serviços.

§ 6º - Qualquer subsídio ou isenção, redução de base de cálculo, concessão de crédito presumido, anistia ou remissão, relativos a impostos, taxas ou contribuições, só poderá ser concedido mediante lei específica, federal, estadual ou municipal, que regule exclusivamente as matérias acima enumeradas ou o correspondente tributo ou contribuição.

§ 7º - A lei poderá atribuir a sujeito passivo de obrigação tributária a condição de responsável pelo pagamento de imposto ou contribuição, cujo fato gerador deva ocorrer posteriormente, assegurada a imediata e preferencial restituição da quantia paga, caso não se realize o fato gerador presumido.

Art. 221. É proibido à União:

I - instituir tributo que não seja uniforme em todo o território nacional ou que implique distinção ou preferência em relação a Estado, ao Distrito Federal ou a Município, em detrimento de outro, admitida a concessão de incentivos fiscais destinados a promover o equilíbrio do desenvolvimento socioeconômico entre as diferentes regiões do País;

II - tributar a renda das obrigações da dívida pública dos Estados, do Distrito Federal e dos Municípios, bem como a remuneração e os proventos dos respectivos agentes públicos, em níveis superiores aos que fixar para suas obrigações e para seus agentes;

III - instituir isenções de tributos da competência dos Estados, do Distrito Federal ou dos Municípios.

Art. 222. É proibido aos Estados, ao Distrito Federal e aos Municípios estabelecer diferença tributária entre bens e serviços, de qualquer natureza, em razão de sua procedência ou destino.

SEÇÃO III - DOS IMPOSTOS DA UNIÃO

Art. 223. Compete à União instituir impostos sobre:

I - importação de produtos estrangeiros;

II - exportação, para o exterior, de produtos nacionais ou nacionalizados;

III - renda e proventos de qualquer natureza;

IV - produtos especiais;

V - operações de crédito, câmbio e seguro, ou relativas a títulos ou valores mobiliários;

VI - propriedade territorial rural;

VII - desequilíbrio de riqueza.

§ 1º - É facultado ao Poder Executivo, atendidas as condições e os limites estabelecidos em lei, alterar as alíquotas dos impostos enumerados nos incisos I, II, IV e V.

§ 2º - O imposto previsto no inciso III:

I - será informado pelos critérios da generalidade, da universalidade e da progressividade, na forma da lei;

II - não incidência sobre rendimentos inferiores a 2 (dois) salários mínimos;

III - alíquota máxima de 75% (setenta e cinco por cento).

IV - não incidirá, nos termos e limites fixados em lei, sobre rendimentos provenientes de aposentadoria e pensão, pagos pela previdência social da União, dos Estados, do Distrito Federal e dos Municípios, a pessoa com idade superior a 65 (sessenta e cinco) anos, cuja renda total seja constituída, exclusivamente, de rendimentos do trabalho.

§ 3º - O imposto previsto no inciso IV:

I - será seletivo, em função da essencialidade do produto ou risco à saúde pública;

II - será não-cumulativo, compensando-se o que for devido em cada operação com o montante cobrado nas anteriores;

III - não incidirá sobre produtos industrializados destinados ao exterior.

IV - terá reduzido seu impacto sobre a aquisição de bens de capital pelo contribuinte do imposto, na forma da lei.

§ 4º - O imposto previsto no inciso VI do caput:

I - será progressivo e terá suas alíquotas fixadas de forma a desestimular a manutenção de propriedades improdutivas;

II - não incidirá sobre pequenas glebas rurais, definidas em lei, quando as explore o proprietário que não possua outro imóvel;

§ 5º - O ouro, quando definido em lei como ativo financeiro ou instrumento cambial, sujeita-se exclusivamente à incidência do imposto de que trata o inciso V do "caput" deste artigo, devido na operação de origem; a alíquota mínima será de 1% (um por cento), assegurada a transferência do montante da arrecadação em iguais partes para todos os entes da Federação.

§ 6º - O imposto previsto no inciso VII:

I - incidirá anualmente sobre a pessoa física domiciliada no País ou exterior, em relação ao patrimônio que detenha no País, no montante mínimo de 1% (um por cento) sobre os valores que excedam o cálculo de limite de riqueza individual, obtido a partir da fórmula "Idade . 13 . Salário Mínimo" [idade multiplicada por 13 (treze), multiplicado pelo valor do salário mínimo], excluído o valor de:

    a) imóvel urbano único;

    b) imóvel rural único;

    c) veículo único.

II - terá caráter progressivo, com elevação de 1% (um por cento) para cada 100 (cem) salários mínimos que ultrapassem o limite, com teto em 75% (setenta e cinco por cento).

III -incidirá sobre a pessoa jurídica em relação ao patrimônio que detenha no País, definido em lei;

Art. 224. A União poderá instituir:

I - mediante lei complementar, impostos não previstos no artigo anterior, desde que sejam não-cumulativos, não sejam indiretos e não tenham fato gerador ou base de cálculo próprios dos discriminados nesta Constituição;

II - na iminência ou no caso de guerra externa, impostos extraordinários, compreendidos ou não em sua competência tributária, os quais serão suprimidos, gradativamente, cessadas as causas de sua criação.

SEÇÃO IV - DOS IMPOSTOS DOS ESTADOS E DO DISTRITO FEDERAL

Art. 225. Compete aos Estados e ao Distrito Federal instituir impostos sobre:

I - transmissão causa mortis e doação, de quaisquer bens ou direitos acima de 2 (dois) salários mínimos;

II - propriedade de veículos automotores.

§ 1º - O imposto previsto no inciso I:

I - relativamente a bens imóveis e respectivos direitos, compete ao Estado da situação do bem, ou ao Distrito Federal;

II - relativamente a bens móveis, títulos e créditos, compete ao Estado onde se processar o inventário ou arrolamento, ou tiver domicílio o doador, ou ao Distrito Federal;

III - terá competência para sua instituição regulada por lei complementar:

   a) se o doador tiver domicilio ou residência no exterior;

   b) se o de cujus possuía bens, era residente ou domiciliado ou teve o seu inventário processado no exterior;

IV - terá suas alíquotas máximas fixadas pelo Congresso Nacional;

§ 2º -À exceção dos impostos de que tratam o inciso II do caput deste artigo e o art. 223, I e II, nenhum outro imposto poderá incidir sobre operações relativas a energia elétrica, serviços de telecomunicações, derivados de petróleo, combustíveis e minerais do País.

§ 3º - O imposto previsto no inciso II:

I - terá alíquotas mínimas fixadas pelo Congresso Nacional;

II - poderá ter alíquotas diferenciadas em função do tipo e utilização.

SEÇÃO V - DOS IMPOSTOS DOS MUNICÍPIOS

Art. 226. Compete aos Municípios instituir impostos sobre:

I - propriedade predial e territorial urbana;

II - transmissão "inter vivos", a qualquer título, por ato oneroso, de bens imóveis, por natureza ou acessão física, e de direitos reais sobre imóveis, exceto os de garantia, bem como cessão de direitos a sua aquisição;

III - doações religiosas;

§ 1º - Sem prejuízo da progressividade no tempo a que se refere o art. 253, § 6º, inciso II, o imposto previsto no inciso I poderá:

I - ser progressivo em razão do valor do imóvel; e

II - ter alíquotas diferentes de acordo com a localização e o uso do imóvel.

§ 2º - O imposto previsto no inciso II:

I - não incide sobre a transmissão de bens ou direitos incorporados ao patrimônio de pessoa jurídica em realização de capital, nem sobre a transmissão de bens ou direitos decorrente de fusão, incorporação, cisão ou extinção de pessoa jurídica, salvo se, nesses casos, a atividade preponderante do adquirente for a compra e venda desses bens ou direitos, locação de bens imóveis ou arrendamento mercantil;

II - compete ao Município da situação do bem.

§ 3º - O imposto previsto no inciso III será sempre igual a 1% (um por cento) dos recursos doados às igrejas de determinado culto, tomadas em conjunto, que somem valor superior a 1.000 (mil) salários mínimos

§ 4º - Cabe à lei complementar regular a forma e as condições como isenções, incentivos e benefícios fiscais serão concedidos e revogados.

SEÇÃO VI - DA REPARTIÇÃO DAS RECEITAS TRIBUTÁRIAS

Art. 227. A repartição de Receitas Tributárias no Estado Brasileiro se dará da seguinte maneira:

I - Trinta e três por cento das receitas serão repassadas mensalmente aos Municípios;

II - Trinta e três por cento das receitas serão repassadas mensalmente aos Estados;

III - Trinta e quatro por cento das receitas serão repassadas mensalmente à União.

§ 1º - O Distrito Federal terá direito às receitas previstas aos Estados e Municípios.

§ 2º - A distribuição dos recursos atenderá a critérios de distribuição equânime baseada na densidade demográfica, desigualdades regionais e sociais, atendendo as particularidades de cada ente federado.

Art. 228. A União entregará parte do produto da arrecadação para mitigação de desigualdades regionais, de acordo com lei complementar;

Art. 229. É proibida a retenção ou qualquer restrição à entrega e ao emprego dos recursos atribuídos aos entes da Federação.

Parágrafo único. A vedação prevista neste artigo não impede o Conselho Popular Federal, por maioria de dois terços, de condicionar a entrega de recursos ao cumprimento do disposto no art. 273, § 2º.

Art. 230. Cabe à lei complementar estabelecer normas sobre a entrega dos recursos de que trata o art. 228, objetivando promover o equilíbrio socioeconômico entre Estados e entre Municípios;

Art. 231. A União, os Estados, o Distrito Federal e os Municípios divulgarão, até o último dia do mês subsequente ao da arrecadação, os montantes de cada um dos tributos arrecadados, os recursos recebidos, os valores de origem tributária entregues e a entregar e a expressão numérica dos critérios de rateio.

Parágrafo único. Os dados divulgados pela União serão discriminados por Estado e por Município; os dos Estados, por Município.

CAPÍTULO II - DAS FINANÇAS PÚBLICAS

SEÇÃO I - NORMAS GERAIS

Art. 232. Lei complementar disporá sobre:

I - finanças públicas;

II - dívida pública externa e interna, incluída a das autarquias, fundações e demais entidades controladas pelo Poder Público;

III - concessão de garantias pelas entidades públicas;

IV - emissão e resgate de títulos da dívida pública;

V - fiscalização financeira da administração pública direta e indireta;

VI - operações de câmbio realizadas por órgãos e entidades da União, dos Estados, do Distrito Federal e dos Municípios;

VII - compatibilização das funções das instituições oficiais de crédito da União, resguardadas as características e condições operacionais plenas das voltadas ao desenvolvimento regional.

Art. 233. A competência da União para emitir moeda será exercida exclusivamente pelo banco central.

§ 1º - É proibido ao banco central conceder, direta ou indiretamente, empréstimos ao Tesouro Nacional e a qualquer órgão ou entidade que não seja instituição financeira.

§ 2º - O banco central poderá comprar e vender títulos de emissão do Tesouro Nacional, com o objetivo de regular a oferta de moeda ou a taxa de juros.

§ 3º - As disponibilidades de caixa da União serão depositadas no banco central; as dos Estados, do Distrito Federal, dos Municípios e dos órgãos ou entidades do Poder Público e das empresas por ele controladas, em instituições financeiras oficiais, ressalvados os casos previstos em lei.

SEÇÃO II - DOS ORÇAMENTOS

Art. 234. Leis de iniciativa do Poder Executivo estabelecerão:

I - o plano plurianual;

II - as diretrizes orçamentárias;

III - os orçamentos anuais.

§ 1º - A lei que instituir o plano plurianual estabelecerá, de forma regionalizada, as diretrizes, objetivos e metas da administração pública federal para as despesas de capital e outras delas decorrentes e para as relativas aos programas de duração continuada.

§ 2º - A lei de diretrizes orçamentárias compreenderá as metas e prioridades da administração pública federal, incluindo as despesas de capital para o exercício financeiro subsequente, orientará a elaboração da lei orçamentária anual, disporá sobre as alterações na legislação tributária e estabelecerá a política de aplicação das agências financeiras oficiais de fomento.

§ 3º - O Poder Executivo publicará, com caráter exclusivamente informativo, até 30 (trinta) dias após o encerramento de cada bimestre, relatório resumido da execução orçamentária.

§ 4º - Os planos e programas nacionais, regionais e setoriais previstos nesta Constituição serão elaborados em consonância com o plano plurianual, apreciados pelo Congresso Nacional.

§ 5º - A lei orçamentária anual compreenderá:

I - o orçamento fiscal referente aos Poderes da União, seus fundos, órgãos e entidades da administração direta e indireta, inclusive fundações instituídas e mantidas pelo Poder Público;

II - o orçamento de investimento das empresas em que a União, direta ou indiretamente, detenha a maioria do capital social com direito a voto;

III - o orçamento da seguridade social, abrangendo todas as entidades e órgãos a ela vinculados, da administração direta ou indireta, bem como os fundos e fundações instituídos e mantidos pelo Poder Público.

§ 6º - O projeto de lei orçamentária será acompanhado de demonstrativo regionalizado do efeito, sobre as receitas e despesas, decorrente de isenções, anistias, remissões, subsídios e benefícios de natureza financeira, tributária e creditícia.

§ 7º - Os orçamentos previstos no § 5º, I e II, deste artigo, compatibilizados com o plano plurianual, terão entre suas funções a de reduzir desigualdades inter-regionais, segundo critério populacional.

§ 8º - A lei orçamentária anual não conterá dispositivo estranho à previsão da receita e à fixação da despesa, não se incluindo na proibição a autorização para abertura de créditos suplementares e contratação de operações de crédito, ainda que por antecipação de receita, nos termos da lei.

§ 9º - Cabe à lei complementar:

I - dispor sobre o exercício financeiro, a vigência, os prazos, a elaboração e a organização do plano plurianual, da lei de diretrizes orçamentárias e da lei orçamentária anual;

II - estabelecer normas de gestão financeira e patrimonial da administração direta e indireta bem como condições para a instituição e funcionamento de fundos.

Art. 235. Os projetos de lei relativos ao plano plurianual, às diretrizes orçamentárias, ao orçamento anual e aos créditos adicionais serão apreciados pelo Congresso Nacional.

§ 1º - Caberá a Comissão:

I - examinar e emitir parecer sobre os projetos referidos neste artigo e sobre as contas apresentadas anualmente pelo Presidente da República e pelos Ministros de Estado;

II - examinar e emitir parecer sobre os planos e programas nacionais, regionais e setoriais previstos nesta Constituição e exercer o acompanhamento e a fiscalização orçamentária, sem prejuízo da atuação das demais comissões do Congresso Nacional, criadas de acordo com o art. 68.

§ 2º - As emendas serão apresentadas na Comissão, que sobre elas emitirá parecer, e apreciadas, na forma regimental, pelo Plenário do Congresso Nacional.

§ 3º - As emendas ao projeto de lei do orçamento anual ou aos projetos que o modifiquem somente podem ser aprovadas caso:

I - sejam compatíveis com o plano plurianual e com a lei de diretrizes orçamentárias;

II - indiquem os recursos necessários, admitidos apenas os provenientes de anulação de despesa, excluídas as que incidam sobre:

a) dotações para pessoal e seus encargos;

b) transferências tributárias constitucionais para Estados, Municípios e Distrito Federal; ou

III - sejam relacionadas:

a) com a correção de erros ou omissões; ou

b) com os dispositivos do texto do projeto de lei.

§ 4º - As emendas ao projeto de lei de diretrizes orçamentárias não poderão ser aprovadas quando incompatíveis com o plano plurianual.

§ 5º - O Presidente da República e os Ministros de Estado poderão enviar mensagem ao Congresso Nacional para propor modificação nos projetos a que se refere este artigo enquanto não iniciada a votação, na Comissão, da parte cuja alteração é proposta.

§ 6º - Os projetos de lei do plano plurianual, das diretrizes orçamentárias e do orçamento anual serão enviados pelo Presidente da República ao Congresso Nacional, nos termos da lei complementar a que se refere o art. 234, § 9º.

§ 7º - os projetos de lei de que trata este artigo não serão submetidos a referendo popular, sendo enviados, após aprovação, ao Conselho de Ministros para vetos parciais definitivos.

§ 8º - dos recursos que, em decorrência de veto, emenda ou rejeição do projeto de lei orçamentária anual, ficarem sem despesas correspondentes:

I - até 50% (cinquenta por cento) poderão ser utilizados, conforme o caso, mediante créditos especiais ou suplementares, com prévia e específica autorização legislativa.

II - 50% (cinquenta por cento) serão obrigatoriamente utilizados, conforme o caso, mediante créditos especiais ou suplementares, em obediência ao decidido democraticamente em processo de orçamento participativo, organizado pelo Conselho Popular Federal.

Art. 236. Ressalvados os casos previstos nesta Constituição, são proibidos:

I - o início de programas ou projetos não incluídos na lei orçamentária anual;

II - a realização de despesas ou a assunção de obrigações diretas que excedam os créditos orçamentários ou adicionais;

III - a realização de operações de créditos que excedam o montante das despesas de capital, ressalvadas as autorizadas mediante créditos suplementares ou especiais com finalidade precisa, aprovados pelo Poder Legislativo por maioria absoluta;

IV - a vinculação de receita de impostos a órgão, fundo ou despesa, ressalvadas a destinação de recursos para as ações e serviços públicos de saúde, para manutenção e desenvolvimento do ensino e para realização de atividades da administração tributária, como determinado, respectivamente, pelos arts. 273, § 2º, 295 e 51, XXX, e a prestação de garantias às operações de crédito por antecipação de receita, previstas no art. 234, § 8º, bem como o disposto no § 4º deste artigo;

V - a abertura de crédito suplementar ou especial sem prévia autorização legislativa e sem indicação dos recursos correspondentes;

VI - a transposição, o remanejamento ou a transferência de recursos de uma categoria de programação para outra ou de um órgão para outro, sem prévia autorização legislativa e do Conselho de Ministros, por maioria absoluta;

VII - a concessão ou utilização de créditos ilimitados;

VIII - a utilização, sem autorização legislativa específica, de recursos dos orçamentos fiscal e da seguridade social para suprir necessidade ou cobrir déficit de empresas, fundações e fundos, inclusive dos mencionados no art. 234, § 5°;

IX - a instituição de fundos de qualquer natureza, sem prévia autorização legislativa.

X - a transferência voluntária de recursos e a concessão de empréstimos, inclusive por antecipação de receita, pelos Governos Federal e Estaduais e suas instituições financeiras, para pagamento de despesas com pessoal ativo, inativo e pensionista, dos Estados, do Distrito Federal e dos Municípios.

XI - a utilização dos recursos provenientes das contribuições sociais de que trata o art. 195, I, a, e II e III, para a realização de despesas distintas do pagamento de benefícios de previdência social de que trata o art. 276.

§ 1° - Nenhum investimento cuja execução ultrapasse um exercício financeiro poderá ser iniciado sem prévia inclusão no plano plurianual, ou sem lei que autorize a inclusão, sob pena de crime de responsabilidade.

§ 2° - A autorização por 2/3 (dois terços) do Conselho Popular Federal permitirá a inclusão de gasto nas leis de orçamento.

§ 3° - Os créditos especiais e extraordinários terão vigência no exercício financeiro em que forem autorizados, salvo se o ato de autorização for promulgado nos últimos quatro meses daquele exercício, caso em que, reabertos nos limites de seus saldos, serão incorporados ao orçamento do exercício financeiro subsequente.

§ 4º - A abertura de crédito extraordinário somente será admitida para atender a despesas imprevisíveis e urgentes, como as decorrentes de guerra, comoção interna ou calamidade pública.

§ 5º - É permitida a vinculação de receitas para a prestação de garantia ou contragarantia à União e para pagamento de débitos para com esta.

Art. 237. Os recursos correspondentes às dotações orçamentárias, compreendidos os créditos suplementares e especiais, destinados aos órgãos dos Poderes Legislativo, Judiciário e Popular, do Ministério Público e da Defensoria Pública, ser-lhes-ão entregues até o dia 20 (vinte) de cada mês, em duodécimos, na forma da lei complementar a que se refere o art. 234, § 9º.

Art. 238. Somente esta Constituição poderá limitar a despesa com pessoal ativo e inativo da União, dos Estados, do Distrito Federal e dos Municípios.

SEÇÃO III - DA DÍVIDA PÚBLICA

Art. 239. A dívida pública, interna e externa, será auditada a cada 10 (dez) anos por Comitê organizado pelo Conselho Temático de Ciências Administrativas, Contábeis e Econômicas, do Conselho Popular Federal.

TÍTULO VII - DA ORDEM ECONÔMICA E FINANCEIRA

CAPÍTULO I - DOS PRINCÍPIOS GERAIS DA ATIVIDADE ECONÔMICA

Art. 240. A ordem econômica, fundada na valorização do trabalho humano e no cooperativismo, tem por fim assegurar a todos existência digna, conforme os ditames da justiça social, observados os seguintes princípios:

I - soberania nacional;

II - propriedade privada de bens de consumo;

III - propriedade privada de bens de capital para pessoa física, empreendedor individual ou famílias, proibida a obtenção de mais-valia capitalista;

IV - propriedade cooperativa em empresas compostas por duas ou mais pessoas;

V - função social da propriedade;

VI - concorrência moderada;

VII - defesa do consumidor;

VIII - defesa do meio ambiente, inclusive mediante tratamento diferenciado conforme o impacto ambiental dos produtos e serviços e de seus processos de elaboração e prestação;

IX - redução das desigualdades regionais e sociais;

X - garantia do pleno emprego;

XI -adoção de medidas econômicas anticíclicas em momentos de crise;

XII -tratamento favorecido para as cooperativas constituídas sob as leis brasileiras e que tenham sua sede e administração no País.

*Parágrafo único.*É assegurado a todos o livre exercício de qualquer atividade econômica, independentemente de autorização de órgãos públicos, salvo nos casos previstos em lei e em atividades diretamente executadas pelo Poder Público, como, dentre outras, as:

I - de compra, venda e aluguel de imóveis;

II - bancárias;

III - de concessão de crédito;

IV - de seguro;

Art. 241. São consideradas:

I - empresa brasileira a constituída sob as leis brasileiras e que tenha sua sede e administração no País;

II - empresa brasileira de capital nacional aquela cujo controle efetivo esteja em caráter permanente sob a titularidade direta ou indireta de pessoas físicas domiciliadas e residentes no País ou de entidades de direito público interno, entendendo-se por controle efetivo da empresa a titularidade de no mínimo 70% (sessenta por cento) de seu capital votante e o exercício, de fato e de direito, do poder decisório para gerir suas atividades.

§ 1º - A lei poderá, em relação à empresa brasileira de capital nacional:

I - conceder proteção e benefícios especiais temporários para desenvolver atividades consideradas estratégicas para a defesa nacional ou imprescindíveis ao desenvolvimento do País;

II - estabelecer, sempre que considerar um setor imprescindível ao desenvolvimento nacional, entre outras condições e requisitos:

a) a exigência de que o controle referido no inciso II do "caput" se estenda às atividades tecnológicas da empresa, assim entendido o exercício, de fato e de direito, do poder decisório para desenvolver ou absorver tecnologia;

b) participação mínima de 70% (setenta por cento), no capital, de pessoas físicas domiciliadas e residentes no País ou entidades de direito público interno.

§ 2° - Na aquisição de bens e serviços, o Poder Público dará tratamento preferencial, nos termos da lei, à empresa brasileira de capital nacional.

Art. 242. A lei disciplinará, com base no interesse nacional, os investimentos de capital estrangeiro, incentivará os reinvestimentos e regulará a remessa de lucros.

Art. 243. O Conselho Administrativo de Defesa Econômica poderá interferir em qualquer mercado quando observar que existe prejuízo aos consumidores, regulando lucros e determinando limite de preço.

Art. 244. A exploração direta de atividade econômica pelo Poder Público será permitida quando necessária aos imperativos da segurança nacional, ao interesse nacional estratégico e relevante interesse coletivo, sendo obrigatória, sob pena de responsabilidade, nas áreas de:

I - água e esgoto;

II - compra, venda e aluguel de imóveis;

III - construção civil;

IV - distribuição de alimentos e supermercados;

V - energia elétrica;

VI - equipamentos hospitalares;

VII - fármacos;

VIII - gás e combustíveis, incluindo extração, processamento, estocagem, distribuição e venda;

IX - indústria aeroespacial;

X - indústria bélica.

XI - indústria naval;

XII - indústria de ônibus, trens e transporte de massa;

XIII - informática de equipamentos e programas;

XIV - mineração;

XV - telecomunicação;

XVI - transporte coletivo.

§ 1º - A lei estabelecerá o estatuto jurídico da empresa pública e de suas subsidiárias que explorem atividade econômica de produção ou comercialização de bens ou de prestação de serviços, dispondo sobre:

I - sua função social e formas de fiscalização pelo Estado e pela sociedade;

II - a sujeição ao regime jurídico próprio das empresas privadas, inclusive quanto aos direitos e obrigações civis, comerciais, trabalhistas e tributários;

III - licitação e contratação de obras, serviços, compras e alienações, observados os princípios da administração pública;

IV - a constituição e o funcionamento dos conselhos de administração e fiscal, com participação de seus empregados;

V - os mandatos, a avaliação de desempenho e a responsabilidade dos administradores.

§ 2º - As empresas públicas não poderão gozar de privilégios fiscais não extensivos às do setor privado.

§ 3º - A lei regulamentará as relações da empresa pública com o Estado e a sociedade.

§ 4º - A lei reprimirá o abuso do poder econômico que vise à dominação dos mercados, à eliminação da concorrência e ao aumento arbitrário dos lucros.

§ 5º - A lei, sem prejuízo da responsabilidade individual dos dirigentes da pessoa jurídica, estabelecerá a responsabilidade desta, sujeitando-a às punições compatíveis com sua natureza, nos atos praticados contra a ordem econômica e financeira e contra a economia popular.

Art. 245. Como agente normativo e regulador da atividade econômica, o Estado exercerá, na forma da lei, as funções de fiscalização, incentivo e planejamento, sendo este determinante para o setor público e moderador para o setor privado.

§ 1º - a lei estabelecerá as diretrizes e bases do planejamento do desenvolvimento nacional equilibrado, o qual incorporará e compatibilizará os planos nacionais e regionais de desenvolvimento.

§ 2º - a atividade empresarial com fins econômicos será exercida por meio de cooperativas e empreendedores individuais sem funcionários.

§ 3º - a lei apoiará e estimulará o cooperativismo e outras formas de associativismo por meio de treinamento e assessoria gratuita.

§ 4º - o Estado favorecerá a organização da atividade garimpeira em cooperativas, levando em conta a proteção do meio ambiente e a promoção econômico-social dos garimpeiros.

§ 5º - as cooperativas a que se refere o parágrafo anterior terão prioridade na autorização ou concessão para pesquisa e lavra dos recursos e jazidas de minerais garimpáveis, nas áreas onde estejam atuando, e naquelas fixadas de acordo com o art. 33, XXV, na forma da lei.

Art. 246. Incumbe ao Poder Público, na forma da lei, diretamente ou sob regime de concessão ou permissão, sempre através de licitação, a prestação de serviços públicos.

§ 1º - São proibidos:

I - a transferência de qualquer valor pela Administração Pública, exceto para manutenção do equilíbrio econômico-financeiro ou indenização;

II - uso de mecanismos privados de resolução de disputas neste âmbito;

III - compromissos com prazos superiores a 10 (dez) anos.

§ 2º - A lei disporá sobre:

I - o regime das empresas concessionárias de serviços públicos, o caráter especial de seu contrato e de sua prorrogação, bem como as condições de caducidade, fiscalização e rescisão;

II - o regime das empresas permissionárias de serviços públicos, observando-se o caráter precário e unilateral do ato de permissão, sendo proibida a determinação de prazo para os contratos.

III - os direitos dos usuários;

IV - política tarifária;

V - a obrigação de manter serviço adequado.

Art. 247. As jazidas, em lavra ou não, e demais recursos minerais e os potenciais de energia hidráulica constituem propriedade distinta da do solo, para efeito de exploração ou aproveitamento, e pertence à União a propriedade de 50% (cinquenta por cento) do produto da lavra à União, assim como 30% (trinta por cento) para compra preferencial.

§ 1º - A pesquisa e a lavra de recursos minerais e o aproveitamento dos potenciais a que se refere o "caput" deste artigo somente poderão ser efetuados mediante autorização ou concessão da União, no interesse nacional, por brasileiros ou empresa brasileira, constituída sob as leis nacionais e que tenha sua sede e administração no País, na forma da lei, que estabelecerá as condições específicas quando essas atividades se desenvolverem em faixa de fronteira ou terras indígenas.

§ 2º - É assegurada participação ao proprietário do solo nos resultados da lavra, na forma e no valor que dispuser a lei.

§ 3º - A autorização de pesquisa será sempre por prazo determinado, e as autorizações e concessões previstas neste artigo não poderão ser cedidas ou transferidas, total ou parcialmente, sem prévia anuência do poder concedente.

§ 4º - Não dependerá de autorização ou concessão o aproveitamento do potencial de energia renovável de capacidade reduzida.

Art. 248. Constituem monopólio da União:

I - a pesquisa e a lavra das jazidas de petróleo e gás natural e outros hidrocarbonetos fluidos;

II - a refinação do petróleo nacional ou estrangeiro;

III - a pesquisa e a lavra das jazidas de ferro, lítio, nióbio, ouro, silício, tântalo, tório e outros definidos em lei;

IV - o processamento industrial básico dos recursos anteriormente listados;

V - a importação e exportação dos produtos e derivados básicos resultantes das atividades previstas nos incisos anteriores;

VI - o transporte marítimo do petróleo bruto de origem nacional ou de derivados básicos de petróleo produzidos no País, bem assim o transporte, por meio de conduto, de petróleo bruto, seus derivados e gás natural de qualquer origem;

VII - a pesquisa, a lavra, o enriquecimento, o reprocessamento, a industrialização e o comércio de minérios e minerais nucleares e seus derivados, com exceção dos radioisótopos cuja produção, comercialização e utilização poderão ser autorizadas sob regime de permissão, conforme as alíneas b e c do inciso XXIII do caput do art. 33 desta Constituição Federal.

§ 1º - O monopólio previsto neste artigo inclui os riscos e resultados decorrentes das atividades nele mencionadas, sendo proibido à União ceder ou conceder qualquer tipo de participação, em espécie ou em valor, na exploração de jazidas de petróleo ou gás natural, ressalvado o disposto no art. 20, § 1º.

§ 2º - A lei disporá sobre o transporte e a utilização de materiais radioativos no território nacional.

Art. 249. A lei disporá sobre a ordenação dos transportes aéreo, aquático e terrestre, devendo, quanto à ordenação do transporte internacional, observar os acordos firmados pela União, atendido o princípio da reciprocidade.

Parágrafo único. Na ordenação do transporte aquático, a lei estabelecerá as condições em que o transporte de mercadorias na cabotagem e a navegação interior poderão ser feitos por embarcações estrangeiras.

Art. 250. A União, os Estados, o Distrito Federal e os Municípios dispensarão às cooperativas de pequeno porte, assim definidas em lei, tratamento jurídico diferenciado, visando a incentivá-las pela simplificação de suas obrigações administrativas, tributárias, previdenciárias e creditícias, ou pela eliminação ou redução destas por meio de lei.

Art. 251. A União, os Estados, o Distrito Federal e os Municípios promoverão e incentivarão o turismo como fator de desenvolvimento social e econômico.

Art. 252. O atendimento de requisição de documento ou informação de natureza comercial, feita por autoridade administrativa ou judiciária estrangeira, a pessoa física ou jurídica residente ou domiciliada no País dependerá de autorização do Poder competente.

CAPÍTULO II - DA POLÍTICA URBANA

Art. 253. A política de desenvolvimento urbano, executada pelo Poder Público municipal, conforme diretrizes gerais fixadas em lei, tem por objetivo ordenar o pleno desenvolvimento das funções sociais da cidade e garantir o bem-estar de seus habitantes.

§ 1º - O plano diretor, aprovado pela Câmara Municipal, obrigatório para cidades com mais de 20.000 (vinte mil) habitantes, é o instrumento básico da política de desenvolvimento e de expansão urbana.

§ 2º - A propriedade urbana não ficará desocupada, sujeitando-se a desapropriação em caso de abandono por mais de 5 (cinco) anos.

§ 3º - É permitida a propriedade de 1 (um) imóvel urbano por pessoa física, observando-se:

I - permissão de segundo imóvel em caso de comprovada atividade profissional em mais de uma cidade;

II - permissão de propriedade em nome de menor de idade, desde que identificado o responsável pelo pagamento de qualquer cobrança até sua maioridade.

§ 4º - As desapropriações de imóveis urbanos únicos serão feitas com prévia e justa indenização em dinheiro, de acordo com o valor de custo para construção de unidade similar na mesma região.

§ 5º - As desapropriações de imóveis urbanos que excedam o permitido pelo parágrafo anterior ocorrerão mediante títulos da dívida pública com prazo de resgate de até 10 (dez) anos, a partir do 3° (terceiro) ano de sua emissão, em parcelas anuais, iguais e sucessivas, assegurado o valor real da indenização, calculada de acordo com o valor de custo para construção de unidade similar na mesma região e limitada às 2 (duas) unidades de menor valor.

§ 6° - Deve o Poder Público municipal, mediante lei específica para área incluída no plano diretor, exigir, nos termos da lei federal, do proprietário do solo urbano não edificado, subutilizado ou não utilizado, que promova seu adequado aproveitamento, sob pena, sucessivamente, de:

I - parcelamento ou edificação compulsórios;

II - imposto sobre a propriedade predial e territorial urbana progressivo no tempo;

III - desapropriação.

§ 7° - A União emitirá moeda a fim de sustentar os processos de desapropriação urbana, objetivando a celeridade do processo.

Art. 254. Aquele que possuir como sua área urbana de até 250 (duzentos e cinquenta) metros quadrados, por 5 (cinco) anos, ininterruptamente e sem oposição, utilizando-a para sua moradia ou de sua família, adquirir-lhe-á o domínio, desde que não seja proprietário de outro imóvel urbano ou rural.

§ 1° - O título de domínio e a concessão de uso serão conferidos ao homem ou à mulher, ou a ambos, independentemente do estado civil.

§ 2° - Esse direito não será reconhecido ao mesmo possuidor mais de uma vez.

§ 3° - Os imóveis públicos não serão adquiridos por usucapião.

CAPÍTULO III - DA POLÍTICA AGRÍCOLA E FUNDIÁRIA E DA REFORMA AGRÁRIA

Art. 255. Compete à União desapropriar por interesse social, para fins de reforma agrária, o imóvel rural que não esteja cumprindo sua função social, mediante prévia e justa indenização em títulos da dívida agrária, com cláusula de preservação do valor real, resgatáveis no prazo de até 20 (vinte) anos, a partir do 2º (segundo) ano de sua emissão, e cuja utilização será definida em lei.

§ 1º - O decreto que declarar o imóvel como de interesse social, para fins de reforma agrária, autoriza a União a propor a ação de desapropriação.

§ 2º - Cabe à lei complementar estabelecer procedimento contraditório especial, de rito sumário, para o processo judicial de desapropriação.

§ 3º - O orçamento fixará anualmente o volume mínimo de títulos da dívida agrária, assim como o montante de recursos para atender ao programa de reforma agrária no exercício.

§ 4º - A União emitirá moeda para sustentar o processo de reforma agrária, visando a celeridade do processo.

§ 5º - São isentas de impostos federais, estaduais e municipais as operações de transferência de imóveis desapropriados para fins de reforma agrária.

Art. 256. O tamanho e características das propriedades rurais são:

I - até 1 (um) hectare para a micro propriedade rural;

II - entre 2 (dois) e 10 (dez) hectares para a pequena propriedade rural, permitida apenas às famílias, com limite de um hectare por membro familiar, e pessoas jurídicas;

III - entre 11 (onze) e 20 (vinte) hectares para a média propriedade rural, permitida às pessoas jurídicas;

IV - entre 21 (vinte e um) e 40 (quarenta) hectares para a grande propriedade rural, permitida às cooperativas;

V - acima de 41 (quarenta e um) hectares para a excepcionalmente grande propriedade rural, permitida exclusivamente às cooperativas que tenham número total de cooperados igual ou superior aos hectares sob sua posse.

Art. 257. São insuscetíveis de desapropriação para fins de reforma agrária:

I - a micro propriedade rural, desde que seu proprietário não possua outra;

II - a pequena e média propriedade produtiva.

Parágrafo único. A lei garantirá tratamento especial à propriedade produtiva e fixará normas para o cumprimento dos requisitos relativos a sua função social.

Art. 258. A função social é cumprida quando a propriedade rural atende, simultaneamente, segundo critérios e graus de exigência estabelecidos em lei, aos seguintes requisitos:

I - aproveitamento racional e adequado;

II - utilização adequada dos recursos naturais disponíveis e preservação do meio ambiente;

III - observância das disposições que regulam as relações de trabalho;

IV - exploração que favoreça o bem-estar dos proprietários, dos cooperados e associados.

Art. 259. A política agrícola será planejada e executada na forma da lei, com a participação efetiva do setor de produção, envolvendo produtores e trabalhadores rurais, bem como dos setores de comercialização, de armazenamento e de transportes, levando em conta, especialmente:

I - os instrumentos creditícios e fiscais;

II - os preços compatíveis com os custos de produção e a garantia de comercialização;

III - o incentivo à pesquisa e à tecnologia;

IV - a assistência técnica e extensão rural;

V - o seguro agrícola;

VI - o cooperativismo;

VII - a eletrificação rural e irrigação;

VIII - a habitação para o trabalhador rural.

§ 1º - Incluem-se no planejamento agrícola as atividades agro-industriais, agropecuárias, pesqueiras e florestais.

§ 2º - Serão compatibilizadas as ações de política agrícola e de reforma agrária.

Art. 260. A destinação de terras públicas e devolutas será compatibilizada com a política agrícola e com o plano nacional de reforma agrária.

§ 1º - A alienação ou a concessão, a qualquer título, de terras públicas com área superior a 1000 (mil) hectares a pessoa física ou jurídica, ainda que por interposta pessoa, dependerá de prévia aprovação do Congresso Nacional.

§ 2º - Excetuam-se do disposto no parágrafo anterior as alienações ou as concessões de terras públicas para fins de reforma agrária.

Art. 261. Os beneficiários da distribuição de imóveis rurais pela reforma agrária receberão títulos de domínio ou de concessão de uso, inegociáveis pelo prazo de 10 (dez) anos.

208

*Parágrafo único.*O título de domínio e a concessão de uso serão conferidos ao homem ou à mulher, ou a ambos, independentemente do estado civil, nos termos e condições previstos em lei.

Art. 262. É proibida a aquisição ou o arrendamento de propriedade rural por pessoa jurídica estrangeira, dependendo de autorização do Ministério da Agricultura, Pecuária e Abastecimento e da Secretaria de Defesa a posse ou arrendamento por pessoa física estrangeira de área limitada àquela de uma pequena propriedade rural.

Art. 263. Aquele que, não sendo proprietário de imóvel rural ou urbano, possua como seu, por 5 (cinco) anos ininterruptos, sem oposição, área de terra, em zona rural, não superior a 1 (um) hectare, tornando-a produtiva por seu trabalho ou de sua família, tendo nela sua moradia, adquirir-lhe-á a propriedade.

Parágrafo único. Os imóveis públicos não serão adquiridos por usucapião.

CAPÍTULO IV - DO SISTEMA FINANCEIRO NACIONAL

Art. 264. É monopólio estatal a exploração de atividades financeiras, em todas as suas formas.

Art. 265. Lei complementar regulará as condições para a participação do capital estrangeiro nas instituições a que se referem o inciso anterior, tendo em vista, especialmente:

I - os interesses nacionais;

II -os acordos internacionais.

Art. 266. O sistema financeiro nacional, estruturado de forma a promover o desenvolvimento equilibrado do País e a servir aos interesses da coletividade, será regulado em lei complementar, que disporá, inclusive, sobre:

I - a organização, o funcionamento e as atribuições do banco central, sob responsabilidade do Ministério da Economia, e demais instituições financeiras públicas;

II - os requisitos adicionais para a designação de membros da diretoria do banco central e demais instituições financeiras, devendo todos ter título acadêmico, em grau de pós-graduação, em economia marxista, bem como seus impedimentos após o exercício do cargo;

III - a criação de fundo ou seguro, com o objetivo de proteger a economia popular, garantindo créditos, aplicações e depósitos até determinado valor, proibida a participação de recursos da União;

IV - os critérios restritivos da transferência de poupança de regiões com renda inferior à média nacional para outras de maior desenvolvimento;

§ 1º - Os recursos financeiros relativos a programas e projetos de caráter regional, de responsabilidade da União, serão depositados em suas instituições regionais de crédito e por elas aplicados.

§ 2º - As taxas de juros reais, nelas incluídas comissões e quaisquer outras remunerações direta ou indiretamente referidas à concessão de crédito, não poderão ser superiores a 1% (um por cento) ao ano, conceituada como crime de usura a cobrança acima deste limite, punido, em todas as suas modalidades, nos termos que a lei determinar.

§ 3º - Os lucros das instituições financeiras públicas, medidos ao final de cada ano, serão alocados, na proporção mínima de 30% (trinta por cento) e máxima de 50% (cinquenta por cento), como receitas públicas.

TÍTULO VIII - DA ORDEM SOCIAL

CAPÍTULO I - DISPOSIÇÃO GERAL

Art. 267. A ordem social tem como base o primado do trabalho, e como objetivo o bem-estar, a felicidade e a justiça social.

CAPÍTULO II - DA SEGURIDADE SOCIAL

SEÇÃO I - DISPOSIÇÕES GERAIS

Art. 268. A seguridade social compreende um conjunto integrado de ações de iniciativa dos Poderes Públicos e da sociedade, destinadas a assegurar os direitos relativos à saúde, à previdência e à assistência social.

Parágrafo único. Compete ao Poder Público, nos termos da lei, organizar a seguridade social, com base nos seguintes objetivos:

I - universalidade da cobertura e do atendimento;

II - uniformidade e equivalência dos benefícios e serviços às populações urbanas e rurais;

III - seletividade e distributividade na prestação dos benefícios e serviços;

IV - irredutibilidade do valor dos benefícios;

V - equidade na forma de participação no custeio;

VI - diversidade da base de financiamento;

VII - caráter democrático e descentralizado da administração, mediante gestão com participação de todas as partes.

Art. 269. A seguridade social será financiada por toda a sociedade, de forma direta e indireta, nos termos da lei, mediante recursos provenientes dos orçamentos da União, dos Estados, do Distrito Federal e dos Municípios, e das seguintes contribuições sociais:

I - dos empreendedores individuais, cooperativas, associações e empresas públicas;

    a) a folha de salários e demais rendimentos do trabalho pagos ou creditados, a qualquer título, à pessoa física que lhe preste serviço, mesmo sem vínculo empregatício;

    b) a receita ou o faturamento;

    c) o lucro;

II - dos trabalhadores ativos;

III - dos trabalhadores inativos até atingida a idade de expectativa de vida do brasileiro, com desconto de 1% (um por cento) sobre o valor mensal do benefício, sem incidência sobre gratificação natalina;

IV - sobre a receita de concursos de prognósticos.

V - do importador de bens ou serviços do exterior, ou de quem a lei a ele equiparar.

§ 1º - As receitas dos Estados, do Distrito Federal e dos Municípios destinadas à seguridade social constarão dos respectivos orçamentos, não integrando o orçamento da União.

§ 2º - A proposta de orçamento da seguridade social será elaborada de forma integrada pelos órgãos responsáveis pela saúde, previdência social e assistência social, tendo em vista as metas e prioridades estabelecidas na lei de diretrizes orçamentárias, assegurada a cada área a gestão de seus recursos.

§ 3º - A pessoa jurídica em débito com o sistema da seguridade social não poderá contratar com o Poder Público nem dele receber benefícios ou incentivos fiscais ou creditícios.

§ 4º - A lei poderá instituir outras fontes destinadas a garantir a manutenção ou expansão da seguridade social, obedecido o disposto no art. 224, I.

§ 5º - Nenhum benefício ou serviço da seguridade social poderá ser criado, majorado ou estendido sem a correspondente fonte de custeio total.

§ 6º - As contribuições sociais de que trata este artigo só poderão ser exigidas após decorridos 90 (noventa) dias da data da publicação da lei que as houver instituído ou modificado, não se lhes aplicando o disposto no art. 220, III, "b".

§ 7º - São isentas de contribuição para a seguridade social as entidades beneficentes de assistência social que atendam às exigências estabelecidas em lei.

§ 8º - O produtor, o parceiro, o meeiro e o arrendatário rurais e o pescador artesanal, bem como os respectivos cônjuges, que exerçam suas atividades em regime de economia familiar, contribuirão para a seguridade social mediante a aplicação de uma alíquota sobre o resultado da comercialização da produção e farão jus aos benefícios nos termos da lei.

§ 9º - As contribuições sociais previstas no inciso I do caput deste artigo poderão ter alíquotas ou bases de cálculo diferenciadas, em razão da atividade econômica, da utilização intensiva de mão-de-obra, do porte da empresa ou da condição estrutural de empregabilidade.

§ 10º - A lei definirá os critérios de transferência de recursos para o sistema único de saúde e ações de assistência social da União para os Estados, o Distrito Federal e os Municípios, e dos Estados para os Municípios, observada a respectiva contrapartida de recursos.

§ 11º - É proibida a concessão de remissão ou anistia das contribuições sociais de que tratam os incisos I, a, II e III deste artigo, para débitos em montante superior ao fixado em lei complementar.

§ 12° - A lei definirá os setores de atividade econômica para os quais as contribuições incidentes na forma dos incisos I, b; e IV do caput, serão não-cumulativas.

§ 13° - Aplica-se o disposto no § 12 inclusive na hipótese de substituição gradual, total ou parcial, da contribuição incidente na forma do inciso I, a, pela incidente sobre a receita ou o faturamento.

SEÇÃO II - DA SAÚDE

Art. 270. A saúde é direito de todos e dever do Estado, garantido mediante políticas sociais e econômicas que visem à redução do risco de doença e de outros agravos e ao acesso universal e igualitário às ações e serviços para sua promoção, proteção e recuperação.

Art. 271. São de relevância pública as ações e serviços de saúde, cabendo ao Poder Público dispor, nos termos da lei, sobre sua regulamentação, fiscalização e controle, devendo sua execução ser feita diretamente, proibida atuação de empresas privadas.

Art. 272. No caso de médicos e profissionais de saúde aposentados, será permitida a constituição de clínicas especializadas privadas, desde que no formato de empreendedores individuais se sozinhos ou de cooperativas ou associações caso atuem com outra pessoa em qualquer função, incluindo familiar.

Art. 273. As ações e serviços públicos de saúde integram uma rede regionalizada e hierarquizada e constituem um sistema único, organizado de acordo com as seguintes diretrizes:

I - descentralização, com direção única em cada esfera de governo;

II - atendimento integral, com prioridade para as atividades preventivas, sem prejuízo dos serviços assistenciais;

III - participação da comunidade.

§ 1º - O sistema único de saúde será financiado, nos termos do art. 269, com recursos do orçamento da seguridade social, da União, dos Estados, do Distrito Federal e dos Municípios, além de outras fontes.

§ 2º - A União, os Estados, o Distrito Federal e os Municípios aplicarão, anualmente, em ações e serviços públicos de saúde recursos mínimos derivados da aplicação de percentuais calculados sobre:

I - no caso da União, na forma definida nos termos da lei complementar prevista no § 3º;

II - no caso dos Estados e do Distrito Federal, o produto da arrecadação dos impostos a que se refere o art. 225;

III - no caso dos Municípios e do Distrito Federal, o produto da arrecadação dos impostos a que se refere o art. 226.

§ 3º - Lei complementar, que será reavaliada pelo menos a cada 5 (cinco) anos, estabelecerá:

I - os percentuais de que trata o § 2º;

II - os critérios de rateio dos recursos da União vinculados à saúde destinados aos Estados, ao Distrito Federal e aos Municípios, e dos Estados destinados a seus respectivos Municípios, objetivando a progressiva redução das disparidades regionais;

III - as normas de fiscalização, avaliação e controle das despesas com saúde nas esferas federal, estadual, distrital e municipal;

IV - as normas de cálculo do montante a ser aplicado pela União.

§ 4º - Os gestores locais do sistema único de saúde poderão admitir agentes comunitários de saúde e agentes de combate às endemias por meio de processo seletivo público, de acordo com a natureza e complexidade de suas atribuições e requisitos específicos para sua atuação.

§ 5º - Lei federal disporá sobre o regime jurídico, o piso salarial profissional nacional, as diretrizes para os Planos de Carreira e a regulamentação das atividades de agente comunitário de saúde e agente de combate às endemias, competindo à União, nos termos da lei, prestar assistência financeira complementar aos Estados, ao Distrito Federal e aos Municípios, para o cumprimento do referido piso salarial.

§ 6º - Além da hipótese prevista no § 1º do art. 55, o servidor que exerça funções equivalentes às de agente comunitário de saúde ou de agente de combate às endemias poderá perder o cargo em caso de descumprimento dos requisitos específicos, fixados em lei, para o seu exercício.

Art. 274. Com intervalo mínimo de dez anos e em caso de crise na saúde pública, atestada por documento assinado por 51% (cinquenta e um por cento) dos profissionais de saúde pública do País, proibido qualquer outro critério restritivo e permitida a assinatura eletrônica, o Ministro da Saúde decretará emergência hospitalar, que implicará:

I - na emissão imediata de moeda para a compra de equipamentos hospitalares e contratação de obras;

II - na mobilização de equipes de engenharia das Forças Armadas para a realização de obras;

III - na instalação de Comissão Parlamentar de Inquérito para apurar omissões na gestão da saúde pública.

Parágrafo único. Será imediatamente criado Comitê Gestor de Crise na Saúde, sob comando do Conselho Temático de Ciências Biológicas e da Saúde, do Conselho Popular Federal, e com a participação dos

Secretários de Saúde de todos os Estados, que coordenará todas as ações até a resolução da crise.

Art. 275. Ao sistema único de saúde compete, além de outras atribuições, nos termos da lei:

I - controlar e fiscalizar procedimentos, produtos e substâncias de interesse para a saúde e participar da produção de medicamentos, equipamentos, imunobiológicos, hemoderivados e outros insumos;

II - executar as ações de vigilância sanitária e epidemiológica, bem como as de saúde do trabalhador;

III - ordenar a formação de recursos humanos na área de saúde;

IV - participar da formulação da política e da execução das ações de saneamento básico;

V - incrementar em sua área de atuação o desenvolvimento científico e tecnológico;

VI - fiscalizar e inspecionar alimentos, compreendido o controle de seu teor nutricional, bem como bebidas e águas para consumo humano;

VII - participar do controle e fiscalização da produção, transporte, guarda e utilização de substâncias e produtos psicoativos, tóxicos e radioativos;

VIII - colaborar na proteção do meio ambiente, nele compreendido o do trabalho.

SEÇÃO III - DA PREVIDÊNCIA SOCIAL

Art. 276. Os planos de previdência social, mediante contribuição, atenderão, nos termos da lei, a:

I - cobertura dos eventos de doença, invalidez, morte, incluídos os resultantes de acidentes do trabalho e idade avançada;

II - salário-família e auxílio-reclusão para os dependentes dos segurados de baixa renda;

III - proteção à maternidade, especialmente à gestante;

IV - proteção ao trabalhador em situação de desemprego involuntário;

V - pensão por morte de segurado, homem ou mulher, ao cônjuge ou companheiro e dependentes.

§ 1º - Qualquer pessoa poderá participar dos benefícios da previdência social, mediante contribuição.

§ 2º - É assegurado o reajustamento dos benefícios para preservar-lhes, em caráter permanente, o valor real, conforme critérios definidos em lei.

§ 3º - Todos os salários de contribuição considerados no cálculo de benefício serão atualizados, na forma da lei.

§ 4º - Os ganhos habituais do empregado, a qualquer título, serão incorporados ao salário para efeito de contribuição previdenciária e consequente repercussão em benefícios, nos casos e na forma da lei.

§ 5º - Nenhum benefício que substitua o salário de contribuição ou o rendimento do trabalho do segurado terá valor mensal inferior ao salário mínimo.

§ 6º - A gratificação natalina dos aposentados e pensionistas terá por base o valor dos proventos do mês de dezembro de cada ano.

§ 7º - A previdência social manterá seguro coletivo, de caráter complementar e facultativo, custeado por contribuições adicionais.

§ 8º - É assegurada aposentadoria quando satisfeita a condição de 35 (trinta e cinco) anos de contribuição, se homem, e trinta anos de contribuição, se mulher;

§ 9º - Os requisitos do parágrafo anterior serão reduzidos em 5 (cinco) anos, para o professor que comprove exclusivamente tempo de efetivo exercício das funções de magistério na educação infantil e no ensino fundamental e médio.

§ 10° - Para efeito de aposentadoria, é assegurada a contagem recíproca do tempo de contribuição na administração pública e na atividade privada, rural e urbana, segundo critérios estabelecidos em lei.

§ 11° - Lei disporá sobre sistema especial de inclusão previdenciária para atender a trabalhadores de baixa renda e àqueles sem renda própria que se dediquem exclusivamente ao trabalho doméstico no âmbito de sua residência, desde que pertencentes a famílias de baixa renda, garantindo-lhes acesso a benefícios de valor igual a um salário-mínimo.

§ 12° - O sistema especial de inclusão previdenciária de que trata o § 11 deste artigo terá alíquotas e carências inferiores às vigentes para os demais segurados do regime geral de previdência social.

SEÇÃO IV - DA ASSISTÊNCIA SOCIAL

Art. 277. A assistência social será prestada a quem dela necessitar, independentemente de contribuição à seguridade social, e tem por objetivos:

I - a proteção à família, à maternidade, à infância, à adolescência e à velhice;

II - o amparo às crianças e adolescentes carentes;

III - a promoção da integração ao trabalho;

IV - a habilitação e reabilitação das pessoas portadoras de deficiência e a promoção de sua integração à vida comunitária;

V - a garantia de 1 (um) salário mínimo de benefício mensal à pessoa portadora de deficiência e ao idoso que comprovem não possuir meios de prover à própria manutenção ou de tê-la provida por sua família, conforme dispuser a lei.

Art. 278. As ações governamentais na área da assistência social serão realizadas com recursos do orçamento da seguridade social, previstos no art. 269, além de outras fontes, e organizadas com base nas seguintes diretrizes:

I - descentralização político-administrativa, cabendo a coordenação e as normas gerais à esfera federal e a coordenação e a execução dos respectivos programas às esferas estadual e municipal, bem como a entidades beneficentes e de assistência social;

II - participação da população, por meio de organizações representativas, na formulação das políticas e no controle das ações em todos os níveis.

Parágrafo único. É facultado aos Estados e ao Distrito Federal vincular a programa de apoio à inclusão e promoção social até 0.5% (cinco décimos por cento) de sua receita tributária líquida, proibida a aplicação desses recursos no pagamento de:

I - despesas com pessoal e encargos sociais;

II - serviço da dívida;

III - qualquer outra despesa corrente não vinculada diretamente aos investimentos ou ações apoiados.

CAPÍTULO III
DA EDUCAÇÃO, DA CULTURA E DO DESPORTO
SEÇÃO I - DA EDUCAÇÃO

Art. 279. A educação, direito de todos e dever do Estado e da família, será promovida e incentivada com a colaboração da sociedade, visando ao pleno desenvolvimento da pessoa, seu preparo para o exercício da cidadania e sua qualificação para o trabalho.

220

Art. 280. Com intervalo mínimo de dez anos e em caso de crise educacional, atestada por documento assinado por 51% (cinquenta e um por cento) dos profissionais d ensino fundamental público do País, proibido qualquer outro critério restritivo e permitida a assinatura eletrônica, o Ministro da Educação decretará emergência educacional, que implicará:

I - na emissão imediata de moeda para a compra de equipamentos, materiais e contratação de obras;

II - na mobilização de equipes de engenharia das Forças Armadas para a realização de obras;

III - na mobilização de recém formados, com até 2 (dois) anos desde a formatura, em todos os cursos de graduação, que assumirão o papel de professores ou auxiliares no processo de educação por tempo não superior a 2 (dois) anos;

IV - na instalação de Comissão Parlamentar de Inquérito para apurar omissões na gestão da educação pública.

Parágrafo único. Será imediatamente criado Comitê Gestor de Crise na Educação, sob comando do Conselho Popular Federal e com a participação dos Secretários de Educação de todos os Estados, que coordenará todas as ações até a resolução da crise.

Art. 281. O ensino será ministrado com base nos seguintes princípios:

I - igualdade de condições para o acesso e permanência na escola;

II - liberdade de aprender, ensinar, pesquisar e divulgar o pensamento, a arte e o saber;

III - pluralismo de ideias e de concepções pedagógicas, e coexistência de instituições públicas e cooperativas de ensino;

IV - gratuidade do ensino público em estabelecimentos oficiais;

V - valorização dos profissionais do ensino, garantido plano de carreira, piso salarial profissional nacional, nos termos de lei federal e considerado crime de responsabilidade seu descumprimento, e ingresso exclusivamente por concurso público de provas e títulos;

VI - gestão democrática do ensino público, na forma da lei;

VII - garantia de padrão de qualidade.

Parágrafo único. A lei disporá sobre as categorias de trabalhadores considerados profissionais da educação básica e sobre a fixação de prazo para a elaboração ou adequação de seus planos de carreira, no âmbito da União, dos Estados, do Distrito Federal e dos Municípios.

Art. 282. As universidades gozam de autonomia didático-científica, administrativa e de gestão financeira e patrimonial, e obedecerão ao princípio de indissociabilidade entre ensino, pesquisa e extensão.

§ 1º - É facultado às universidades admitir professores, técnicos e cientistas estrangeiros, na forma da lei.

§ 2º - O disposto neste artigo aplica-se às instituições de pesquisa científica e tecnológica.

§ 3º - A reitoria das universidades será escolhida por meio de eleição envolvendo todos os alunos, ex-alunos, professores e funcionários, com voto de igual peso.

Art. 283. O dever do Estado com a educação será efetivado mediante a garantia de:

I - educação básica obrigatória e gratuita dos 4 (quatro) aos 17 (dezessete) anos de idade, assegurada inclusive sua oferta gratuita para todos os que a ela não tiveram acesso na idade própria;

II - progressiva universalização do ensino médio gratuito;

III - atendimento educacional especializado aos portadores de deficiência, preferencialmente na rede regular de ensino;

IV - educação infantil, em creche e pré-escola, às crianças até 5 (cinco) anos de idade;

V - acesso aos níveis mais elevados do ensino, da pesquisa e da criação artística, garantido o ingresso de todos os aprovados no ensino médio, de maneira livre e irrestrita, à educação superior;

VI -- oferta de ensino noturno regular, adequado às condições do educando;

VII - atendimento ao educando, em todas as etapas da educação básica, por meio de programas suplementares de material didático escolar, transporte, alimentação e assistência à saúde.

§ 1º - O acesso ao ensino obrigatório e gratuito é direito público subjetivo.

§ 2º - O não-oferecimento do ensino obrigatório pelo Poder Público, ou sua oferta irregular, importa responsabilidade da autoridade competente.

§ 3º - Compete ao Poder Público recensear os educandos no ensino fundamental, fazer-lhes a chamada e zelar, junto aos pais ou responsáveis, pela frequência à escola.

Art. 284. Todas as unidades educacionais públicas, em qualquer nível e unidade da Federação, terão sua segurança feita por policiais escolares ou universitários recrutados e treinados pelo Ministério da Educação, observando-se:

I - a obrigatoriedade de presença em tempo integral em cada unidade educativa.

II - preferência pelo recrutamento de pedagogos, psicólogos e assistentes sociais.

III - participação de comitê, formado por representantes de cada uma das universidades federais, na formulação e fiscalização do programa de treinamento dos policiais escolares e universitários;

Art. 285. O ensino é livre às cooperativas de ensino, em todos os níveis, atendidas as seguintes condições:

I - cumprimento das normas gerais da educação nacional;

II - autorização e avaliação de qualidade pelo Poder Público.

Art. 286. Serão fixados conteúdos mínimos para o ensino fundamental, de maneira a assegurar formação básica comum e respeito aos valores culturais e artísticos, nacionais e regionais.

§ 1º - O ensino de história das religiões constituirá disciplina dos horários normais das escolas públicas de ensino fundamental.

§ 2º - O ensino fundamental regular será ministrado em língua portuguesa, assegurada às comunidades indígenas também a utilização de suas línguas maternas e processos próprios de aprendizagem.

Art. 287. São matérias adicionais obrigatórias do ensino fundamental em sua primeira etapa, com duração de cinco anos:

I - Línguas Estrangeiras Ocidentais;

II - Línguas Estrangeiras Orientais;

III - Artes Marciais;

IV - Linguagens Computacionais de Baixa Complexidade;

V - Primeiros Socorros e Auxílio em Enfermagem;

Art. 288. São matérias adicionais obrigatórias do ensino fundamental em sua segunda etapa, que terá duração de quatro anos:

I - Línguas Estrangeiras Ocidentais;

II - Línguas Estrangeiras Orientais;

III - Linguagens Computacionais de Média Complexidade;

IV - Noções de Enfermagem;

Art. 289. São matérias adicionais obrigatórias do ensino médio, com duração de quatro anos:

I - Filosofia;

II - Sociologia;

III - Direito Constitucional e Administrativo;

IV - Administração de Cooperativas e Empreendedorismo;

V - Línguas Estrangeiras Ocidentais;

VI - Línguas Estrangeiras Orientais;

VII - Linguagens Computacionais de Alta Complexidade;

VIII - História do Comunismo;

IX - Noções de Medicina;

Art. 290. O ensino será organizado em séries anuais, períodos semestrais, ciclos, alternância regular de períodos de estudos, grupos não seriados, com base na idade, na competência e em outros critérios, ou por forma diversa de organização, sempre que o interesse do processo de aprendizagem assim o recomendar, de acordo com critério escolhido por cada escola;

Art. 291. A aprovação no ensino fundamental depende de nota superior a 60% (sessenta por cento) em exame nacional do ensino fundamental.

Parágrafo único. Será permitida a aprovação de estudantes muito jovens nos casos em que a nota for superior a 90% (noventa por cento), de acordo com a lei.

Art. 292. A aprovação no ensino médio depende de nota superior a 60% (sessenta por cento) em exame nacional do ensino médio.

Parágrafo único. Será permitida a aprovação de estudantes muito jovens nos casos em que a nota for superior a 80% (oitenta por cento), de acordo com a lei.

Art. 293. Cada aluno escolherá livremente um professor-tutor, observado que:

I - o professor tutor deverá pertencer aos quadros de professores do ensino público;

II - não poderão ter o professor-tutor e o aluno parentesco entre si, ainda que por afinidade, até o quarto grau.

III - o professor-tutor auxiliará o aluno no horário extraclasse;

IV - terá o professor-tutor direito a bonificação especial por aluno, de acordo com a lei;

Art. 294. A União, os Estados, o Distrito Federal e os Municípios organizarão em regime de colaboração seus sistemas de ensino.

§ 1º - A União organizará o sistema federal de ensino e o dos Territórios, financiará as instituições de ensino públicas federais e exercerá, em matéria educacional, função redistributiva e supletiva, de forma a garantir equalização de oportunidades educacionais e padrão mínimo de qualidade do ensino mediante assistência técnica e financeira aos Estados, ao Distrito Federal e aos Municípios;

§ 2º - Os Municípios atuarão prioritariamente no ensino fundamental e na educação infantil.

§ 3º - Os Estados e o Distrito Federal atuarão prioritariamente no ensino fundamental e médio.

§ 4º - Na organização de seus sistemas de ensino, a União, os Estados, o Distrito Federal e os Municípios definirão formas de colaboração, de modo a assegurar a universalização do ensino obrigatório.

§ 5º - A educação básica pública atenderá prioritariamente ao ensino regular.

Art. 295. A União aplicará, anualmente, nunca menos de 20% (vinte por cento), e os Estados, o Distrito Federal e os Municípios 25% (vinte e cinco por cento), no mínimo, da receita resultante de impostos na manutenção e desenvolvimento do ensino.

§ 1º - A parcela da arrecadação de impostos transferida pela União aos Estados, ao Distrito Federal e aos Municípios, ou pelos Estados aos respectivos Municípios, não é considerada, para efeito do cálculo previsto neste artigo, receita do governo que a transferir.

§ 2º - Para efeito do cumprimento do disposto no "caput" deste artigo, serão considerados os sistemas de ensino federal, estadual e municipal e os recursos aplicados na forma do art. 296.

§ 3º - A distribuição dos recursos públicos assegurará prioridade ao atendimento das necessidades do ensino obrigatório, no que se refere a universalização, garantia de padrão de qualidade e equidade, nos termos do plano nacional de educação.

§ 4º - Os programas suplementares de alimentação e assistência à saúde previstos no art. 283, VII, serão financiados com recursos provenientes de contribuições sociais e outros recursos orçamentários.

§ 5º - A educação básica pública terá como fonte adicional de financiamento a contribuição social do salário-educação, recolhida pelas empresas na forma da lei.

§ 6º - As cotas estaduais e municipais da arrecadação da contribuição social do salário-educação serão distribuídas proporcionalmente ao número de alunos matriculados na educação básica nas respectivas redes públicas de ensino.

Art. 296. Os recursos públicos serão destinados exclusivamente às escolas públicas, proibida a destinação a qualquer empresa privada.

Art. 297. A lei estabelecerá o plano nacional de educação, de duração decenal, com o objetivo de articular o sistema nacional de educação em regime de colaboração e definir diretrizes, objetivos, metas e estratégias de implementação para assegurar a manutenção e desenvolvimento do ensino em seus diversos níveis, etapas e modalidades por meio de ações integradas dos poderes públicos das diferentes esferas federativas que conduzam a:

I - erradicação do analfabetismo;

II - universalização do atendimento escolar;

III - melhoria da qualidade do ensino;

IV - desenvolvimento do pensamento crítico;

V - formação em linguagens computacionais.

VI - promoção humanística, científica e tecnológica do País.

VII - estabelecimento de meta de aplicação de recursos públicos em educação como proporção do produto interno bruto.

Art. 298. Aos professores públicos é garantido:

I - entrada gratuita em eventos culturais;

II - desconto de 30% (trinta por cento) na compra de qualquer bem de consumo;

III - imunidade para expressarem-se sobre qualquer agente político, em qualquer meio e a qualquer momento.

SEÇÃO II - DA CULTURA

Art. 299. O Estado garantirá a todos o pleno exercício dos direitos culturais e acesso às fontes da cultura nacional, e apoiará e incentivará a valorização e a difusão das manifestações culturais.

§ 1º - O Estado protegerá as manifestações das culturas populares, indígenas e afro-brasileiras, e das de outros grupos participantes do processo civilizatório nacional.

§ 2º - A lei disporá sobre a fixação de datas comemorativas de alta significação para os diferentes segmentos étnicos nacionais.

§ 3º - A lei estabelecerá o Plano Nacional de Cultura, de duração plurianual, visando ao desenvolvimento cultural do País e à integração das ações do Poder Público que conduzem à:

I - defesa e valorização do patrimônio cultural brasileiro;

II - produção, promoção e difusão de bens culturais;

III - formação de pessoal qualificado para a gestão da cultura em suas múltiplas dimensões;

IV - democratização do acesso aos bens de cultura;

V - valorização da diversidade étnica e regional.

Art. 300. Constituem patrimônio cultural brasileiro os bens de natureza material e imaterial, tomados individualmente ou em conjunto, portadores de referência à identidade, à ação, à memória dos diferentes grupos formadores da sociedade brasileira, nos quais se incluem:

I - as formas de expressão;

II - os modos de criar, fazer e viver;

III - as criações científicas, artísticas e tecnológicas;

IV - as obras, objetos, documentos, edificações e demais espaços destinados às manifestações artístico-culturais;

V - os conjuntos urbanos e sítios de valor histórico, paisagístico, artístico, arqueológico, paleontológico, ecológico e científico.

§ 4º - O Poder Público, com a colaboração da comunidade, promoverá e protegerá o patrimônio cultural brasileiro, por meio de inventários, registros, vigilância, tombamento e desapropriação, e de outras formas de acautelamento e preservação.

§ 5º - Cabem à administração pública, na forma da lei, a gestão da documentação governamental e as providências para franquear sua consulta a quantos dela necessitem.

§ 6º - A lei estabelecerá incentivos para a produção e o conhecimento de bens e valores culturais.

§ 7º - Os danos e ameaças ao patrimônio cultural serão punidos, na forma da lei.

§ 8º - Ficam tombados todos os documentos e os sítios detentores de reminiscências históricas dos antigos quilombos.

§ 9º - É facultado aos Estados e ao Distrito Federal vincular a fundo estadual de fomento à cultura até cinco décimos por cento de sua receita tributária líquida, para o financiamento de programas e projetos culturais, proibida a aplicação desses recursos no pagamento de:

I - despesas com pessoal e encargos sociais;

II - serviço da dívida;

III - qualquer outra despesa corrente não vinculada diretamente aos investimentos ou ações apoiados.

Art. 301. O Sistema Nacional de Cultura, organizado em regime de colaboração, de forma descentralizada e participativa, institui um processo de gestão e promoção conjunta de políticas públicas de cultura, democráticas e permanentes, pactuadas entre os entes da Federação e a sociedade, tendo por objetivo promover o desenvolvimento humano, social e econômico com pleno exercício dos direitos culturais.

§ 1º - O Sistema Nacional de Cultura fundamenta-se na política nacional de cultura e nas suas diretrizes, estabelecidas no Plano Nacional de Cultura, e rege-se pelos seguintes princípios:

I - diversidade das expressões culturais;

II - universalização do acesso aos bens e serviços culturais;

III - fomento à produção, difusão e circulação de conhecimento e bens culturais;

IV - cooperação entre os entes federados, os agentes públicos e privados atuantes na área cultural;

V - integração e interação na execução das políticas, programas, projetos e ações desenvolvidas;

VI - complementaridade nos papéis dos agentes culturais;

VII - transversalidade das políticas culturais;

VIII - autonomia dos entes federados e das instituições da sociedade civil;

IX - transparência e compartilhamento das informações;

X - democratização dos processos decisórios com participação e controle social;

XI - descentralização articulada e pactuada da gestão, dos recursos e das ações;

XII - ampliação progressiva dos recursos contidos nos orçamentos públicos para a cultura.

§ 2º - Constitui a estrutura do Sistema Nacional de Cultura, nas respectivas esferas da Federação:

I - órgãos gestores da cultura;

II - conselhos de política cultural;

III - conferências de cultura;

IV - comissões intergestores;

V - planos de cultura;

VI - sistemas de financiamento à cultura;

VII - sistemas de informações e indicadores culturais;

VIII - programas de formação na área da cultura; e

IX - sistemas setoriais de cultura.

§ 3º - Lei federal disporá sobre a regulamentação do Sistema Nacional de Cultura, bem como de sua articulação com os demais sistemas nacionais ou políticas setoriais de governo.

§ 4º - Os Estados, o Distrito Federal e os Municípios organizarão seus respectivos sistemas de cultura em leis próprias.

SEÇÃO III - DO DESPORTO

Art. 302. É dever do Estado fomentar práticas desportivas formais e não-formais, como direito de cada um, observados:

I - a autonomia das entidades desportivas dirigentes e associações, quanto a sua organização e funcionamento;

II - a destinação de recursos públicos para a promoção prioritária do desporto educacional e, em casos específicos, para a do desporto de alto rendimento;

III - o tratamento diferenciado para o desporto profissional e o não profissional;

IV - a proteção e o incentivo às manifestações desportivas de criação nacional.

§ 1º - O Poder Judiciário só admitirá ações relativas à disciplina e às competições desportivas após esgotarem-se as instâncias da justiça desportiva, regulada em lei.

§ 2º - A justiça desportiva terá o prazo máximo de noventa dias, contados da instauração do processo, para proferir decisão final.

§ 3º - O Poder Público incentivará o lazer, como forma de promoção social.

CAPÍTULO IV - DA CIÊNCIA E TECNOLOGIA

Art. 303. O Estado promoverá e incentivará o desenvolvimento científico, a pesquisa e a capacitação tecnológicas.

§ 1º - A pesquisa científica básica receberá tratamento prioritário do Estado, tendo em vista o bem público e o progresso das ciências.

§ 2º - A pesquisa tecnológica voltar-se-á preponderantemente para a solução dos problemas brasileiros e para o desenvolvimento do sistema produtivo nacional e regional.

§ 3º - O Estado apoiará a formação de recursos humanos nas áreas de ciência, pesquisa e tecnologia, e concederá aos que delas se ocupem meios e condições especiais de trabalho.

§ 4º - A lei apoiará e estimulará as empresas que invistam em pesquisa, criação de tecnologia adequada ao País, formação e aperfeiçoamento de seus recursos humanos e obrigará o cumprimento dos parâmetros cooperativos de distribuição de receitas entre os cooperados.

§ 5º - É facultado aos Estados e ao Distrito Federal vincular parcela de sua receita orçamentária a entidades públicas de fomento ao ensino e à pesquisa científica e tecnológica.

Art. 304. O mercado interno integra o patrimônio nacional e será incentivado de modo a viabilizar o desenvolvimento cultural e socioeconômico, o bem-estar da população e a autonomia tecnológica do País, nos termos de lei federal.

CAPÍTULO V - DA COMUNICAÇÃO SOCIAL

Art. 305. A manifestação do pensamento, a criação, a expressão e a informação, sob qualquer forma, processo ou veículo não sofrerão qualquer restrição, observado o disposto nesta Constituição.

§ 1º - Nenhuma lei conterá dispositivo que possa constituir embaraço à plena liberdade de informação jornalística em qualquer veículo de comunicação social, observado o disposto no art. 5º, IV, V, X, XIII e XIV.

§ 2º - É proibida toda e qualquer censura de natureza política, ideológica e artística.

§ 3º - Compete à lei federal:

I - regular as diversões e espetáculos públicos, cabendo ao Poder Público informar sobre a natureza deles, as faixas etárias a que não se recomendem, locais e horários em que sua apresentação se mostre inadequada;

II - estabelecer os meios legais que garantam à pessoa e à família a possibilidade de se defenderem de programas ou programações de rádio e televisão que contrariem o disposto no art. 306, bem como da propaganda de produtos, práticas e serviços que possam ser nocivos à saúde e ao meio ambiente.

§ 4º - A propaganda comercial de tabaco, bebidas alcoólicas, agrotóxicos, medicamentos e terapias poderá ser proibida ou estar sujeita a restrições legais, nos termos do inciso II do parágrafo anterior, e conterá, sempre que necessário, advertência sobre os malefícios decorrentes de seu uso.

§ 5º - Os meios de comunicação social não podem, direta ou indiretamente, ser objeto de monopólio ou oligopólio.

§ 6º - A publicação de veículo impresso de comunicação independe de licença de autoridade.

§ 7º - É permitido o acesso, com agendamento mínimo de 2 (dois) dias de antecedência, de equipes de reportagem aos órgãos públicos, respeitadas as regras indicadas pelo estabelecimento e excetuados os órgãos ligados à segurança nacional, que obedecerão regulamento específico de acordo com a lei;

§ 8º - Toda e qualquer atividade militar ou policial realizada em perímetro não militar poderá ser acompanhada de perto pela imprensa, que terá permissão de estar presente em deslocamentos, nos mesmos veículos e ter acesso a bases temporárias, proibida qualquer forma de censura, desde que respeitadas normas de segurança estabelecidas pelas autoridades;

Art. 306. A produção e a programação das emissoras de rádio e televisão atenderão aos seguintes princípios:

I - preferência a finalidades educativas, artísticas, culturais e informativas;

II - promoção da cultura nacional e regional e estímulo à produção independente que objetive sua divulgação;

III - regionalização da produção cultural, artística e jornalística, conforme percentuais estabelecidos em lei;

IV - respeito aos valores éticos e sociais da pessoa e da família.

Art. 307. As empresas jornalísticas e de radiodifusão sonora e de sons e imagens, sempre constituídas como cooperativas, atuando sob as leis brasileiras e com sede no País, deverão ser administradas por brasileiros natos ou naturalizados há mais de 10 (dez) anos.

§ 1º - É proibida a participação de pessoa jurídica no capital social de empresa jornalística ou de radiodifusão.

§ 2º - Em qualquer caso, pelo menos 90% (noventa por cento) do capital total e votante das cooperativas jornalísticas e de radiodifusão sonora e de sons e imagens deverá pertencer a brasileiros natos ou naturalizados há mais de 10 (dez) anos, que exercerão obrigatoriamente a gestão das atividades e estabelecerão o conteúdo da programação.

§ 3º - A responsabilidade editorial e as atividades de seleção e direção da programação veiculada são privativas de brasileiros natos ou naturalizados há mais de 10 (dez) anos, em qualquer meio de comunicação social.

§ 4º - Os meios de comunicação social eletrônica, independentemente da tecnologia utilizada para a prestação do serviço, deverão observar os princípios enunciados no art. 306, na forma de lei específica, que também garantirá a prioridade de profissionais brasileiros na execução de produções nacionais.

Art. 308. Compete ao Ministério das Comunicações outorgar e renovar concessão, permissão e autorização para o serviço de radiodifusão sonora e de sons e imagens, observado o princípio da complementaridade dos sistemas privado, público e estatal.

§ 1º - O Congresso Nacional apreciará e submeterá o resultado ao Conselho Popular Federal para realização de referendo popular.

§ 2° - O ato de outorga ou renovação somente produzirá efeitos legais após o resultado positivo por meio de referendo popular, na forma dos parágrafos anteriores.

§ 3° - O cancelamento da concessão ou permissão, antes de vencido o prazo, depende de decisão judicial ou de referendo especial.

§ 4° - O prazo da concessão ou permissão será de 10 (dez) anos para as emissoras de rádio e televisão.

Art. 309. Para os efeitos do disposto neste capítulo, o Congresso Nacional instituirá, como seu órgão auxiliar, o Conselho de Comunicação Social, na forma da lei.

CAPÍTULO VI - DO MEIO AMBIENTE

Art. 310. Todos têm direito ao meio ambiente ecologicamente equilibrado, bem de uso comum do povo e essencial à sadia qualidade de vida, impondo-se ao Poder Público e à coletividade o dever de defendê-lo e preservá-lo para as presentes e futuras gerações.

§ 1° - Para assegurar a efetividade desse direito, incumbe ao Poder Público:

I - preservar e restaurar os processos ecológicos essenciais e prover o manejo ecológico das espécies e ecossistemas;

II - preservar a diversidade e a integridade do patrimônio genético do País e fiscalizar as entidades dedicadas à pesquisa e manipulação de material genético;

III - definir, em todas as unidades da Federação, espaços territoriais e seus componentes a serem especialmente protegidos, sendo a alteração e a supressão permitidas somente através de lei, proibida qualquer utilização que comprometa a integridade dos atributos que justifiquem sua proteção;

IV - exigir, na forma da lei, para instalação de obra ou atividade potencialmente causadora de significativa degradação do meio ambiente, estudo prévio de impacto ambiental, a que se dará publicidade;

V - controlar a produção, a comercialização e o emprego de técnicas, métodos e substâncias que comportem risco para a vida, a qualidade de vida e o meio ambiente;

VI - promover a educação ambiental em todos os níveis de ensino e a conscientização pública para a preservação do meio ambiente;

VII - proteger a fauna e a flora, proibidas, na forma da lei, as práticas que coloquem em risco sua função ecológica, provoquem a extinção de espécies ou submetam os animais a crueldade.

§ 2º - Aquele que explorar recursos minerais fica obrigado a recuperar o meio ambiente degradado, de acordo com solução técnica exigida pelo órgão público competente, na forma da lei.

§ 3º - As condutas e atividades consideradas lesivas ao meio ambiente sujeitarão os infratores, pessoas físicas ou jurídicas, a sanções penais e administrativas, independentemente da obrigação de reparar os danos causados.

§ 4º - A Floresta Amazônica brasileira, a Mata Atlântica, a Serra do Mar, o Pantanal Mato-Grossense e a Zona Costeira são patrimônio nacional, e sua utilização far-se-á, na forma da lei, dentro de condições que assegurem a preservação do meio ambiente, inclusive quanto ao uso dos recursos naturais.

§ 5º - São indisponíveis as terras devolutas ou arrecadadas pelos Estados, por ações discriminatórias, necessárias à proteção dos ecossistemas naturais.

§ 6º - As usinas que operem com reator nuclear deverão ter sua localização definida em lei federal, sem o que não poderão ser instaladas.

CAPÍTULO VII - DA FAMÍLIA, DA CRIANÇA, DO ADOLESCENTE, DO JOVEM E DO IDOSO

Art. 311. A família, base da sociedade, tem especial proteção do Estado.

§ 1º - O casamento é civil e gratuita a celebração.

§ 2º - O casamento religioso tem efeito civil, nos termos da lei.

§ 3º - Para efeito da proteção do Estado, é reconhecida a união estável, qualificada por lei, como entidade familiar, devendo a mesma lei facilitar sua conversão em casamento.

§ 4º - Entende-se, também, como entidade familiar a comunidade formada por qualquer dos pais e seus descendentes.

§ 5º - Os direitos e deveres referentes à sociedade conjugal são exercidos igualmente pelo casal.

§ 6º - O casamento civil pode ser dissolvido pelo divórcio.

§ 7º - Fundado nos princípios da dignidade da pessoa humana e da paternidade responsável, o planejamento familiar é livre decisão do casal, competindo ao Estado propiciar recursos educacionais e científicos para o exercício desse direito, proibida qualquer forma coercitiva por parte de instituições oficiais ou privadas.

§ 8º - O Estado assegurará a assistência à família na pessoa de cada um dos que a integram, criando mecanismos para coibir a violência no âmbito de suas relações.

Art. 312. É dever da família, da sociedade e do Estado assegurar à criança, ao adolescente e ao jovem, com absoluta prioridade, o direito à vida, à saúde, à alimentação, à educação, ao lazer, à profissionalização, à cultura, à dignidade, ao respeito, à liberdade e à convivência familiar e comunitária, além de colocá-los a salvo de toda forma de negligência, discriminação, exploração, violência, crueldade e opressão.

§ 1º - O Estado promoverá programas de assistência integral à saúde da criança, do adolescente e do jovem mediante políticas específicas e obedecendo aos seguintes preceitos:

I - aplicação de percentual dos recursos públicos destinados à saúde na assistência materno-infantil;

II - criação de programas de prevenção e atendimento especializado para as pessoas portadoras de deficiência física, sensorial ou mental, bem como de integração social do adolescente e do jovem portador de deficiência, mediante o treinamento para o trabalho e a convivência, e a facilitação do acesso aos bens e serviços coletivos, com a eliminação de obstáculos arquitetônicos e de todas as formas de discriminação.

III -possibilidade de participação de entidades não governamentais, proibido aporte de recursos públicos.

§ 2º - A lei disporá sobre normas de construção dos logradouros e dos edifícios de uso público e de fabricação de veículos de transporte coletivo, a fim de garantir acesso adequado às pessoas portadoras de deficiência.

§ 3º - O direito a proteção especial abrangerá os seguintes aspectos:

I - idade mínima de 18 (dezoito) anos para admissão ao trabalho, observado o disposto no art. 10, XXXIII;

II - garantia de direitos previdenciários e trabalhistas;

III - garantia de acesso do trabalhador jovem à escola;

IV - garantia de pleno e formal conhecimento da atribuição de ato infracional, igualdade na relação processual e defesa técnica por profissional habilitado, segundo dispuser a legislação tutelar específica;

V - obediência aos princípios de brevidade, excepcionalidade e respeito à condição peculiar de pessoa em desenvolvimento, quando da aplicação de qualquer medida privativa da liberdade;

VI - estímulo do Poder Público, através de assistência jurídica, incentivos fiscais e subsídios, nos termos da lei, ao acolhimento, sob a forma de guarda, de criança ou adolescente órfão ou abandonado;

VII - programas de prevenção e atendimento especializado à criança, ao adolescente e ao jovem dependente de entorpecentes e drogas afins.

§ 4º - A lei punirá severamente o abuso, a violência e a exploração sexual da criança e do adolescente.

§ 5º - A adoção será assistida pelo Poder Público, na forma da lei, que estabelecerá casos e condições de sua efetivação por parte de estrangeiros.

§ 6º - Os filhos, havidos ou não da relação do casamento, ou por adoção, terão os mesmos direitos e qualificações, proibidas quaisquer designações discriminatórias relativas à filiação.

§ 7º - No atendimento dos direitos da criança e do adolescente levar-se- á em consideração o disposto no art. 278.

§ 8º - A lei estabelecerá:

I - o estatuto da juventude, destinado a regular os direitos dos jovens;

II - o plano nacional de juventude, de duração decenal, visando à articulação das várias esferas do Poder Público para a execução de políticas públicas.

241

Art. 313. São penalmente inimputáveis os menores de idade, sujeitos às normas da legislação especial, observando-se:

I - a faculdade do jovem entre os 18 (dezoito) e 25 (vinte e cinco) anos escolher a qualquer momento, de forma definitiva, aderir à condição de maior de idade, passando gozar dos direitos e deveres da maioridade;

II - a condição de menor de idade constará na carteira de identidade até a opção pela maioridade ou o aniversário de 25 (vinte e cinco) anos;

Art. 314. Os pais têm o dever de assistir, criar e educar os filhos menores, e os filhos maiores têm o dever de ajudar e amparar os pais na velhice, carência ou enfermidade.

Art. 315. É garantido o direito a licença para acompanhamento de crianças, adolescentes e idosos que necessitem de cuidado médico, de acordo com a lei.

Art. 316. A família, a sociedade e o Estado têm o dever de amparar as pessoas idosas, assegurando sua participação na comunidade, defendendo sua dignidade e bem-estar e garantindo-lhes o direito à vida.

§ 1º - Os programas de amparo aos idosos serão executados preferencialmente em seus lares.

§ 2º - Aos menores de idade e aos maiores de 60 (sessenta) anos é garantida a gratuidade dos transportes coletivos urbanos.

CAPÍTULO VIII - DOS ÍNDIOS

Art. 317. São reconhecidos aos índios sua organização social, costumes, línguas, crenças e tradições, e os direitos originários sobre as terras que tradicionalmente ocupam, competindo à União demarcá-las, proteger e fazer respeitar todos os seus bens.

§ 1º - São terras tradicionalmente ocupadas pelos índios as por eles habitadas em caráter permanente, as utilizadas para suas atividades produtivas, as imprescindíveis à preservação dos recursos ambientais necessários a seu bem-estar e as necessárias a sua reprodução física e cultural, segundo seus usos, costumes e tradições.

§ 2º - As terras tradicionalmente ocupadas pelos índios destinam-se a sua posse permanente, cabendo-lhes o usufruto exclusivo das riquezas do solo, dos rios e dos lagos nelas existentes.

§ 3º -O aproveitamento dos recursos hídricos, incluídos os potenciais energéticos, a pesquisa e a lavra das riquezas minerais em terras indígenas só podem ser efetivados com autorização do Congresso Nacional, ouvidas as comunidades afetadas, ficando-lhes assegurada participação nos resultados da lavra, na forma da lei.

§ 4º - As terras de que trata este artigo são inalienáveis e indisponíveis, e os direitos sobre elas, imprescritíveis.

§ 5º - É proibida a remoção dos grupos indígenas de suas terras, salvo, "ad referendum" do Congresso Nacional, em caso de catástrofe ou epidemia que ponha em risco sua população, ou no interesse da soberania do País, após deliberação do Congresso Nacional, garantido, em qualquer hipótese, o retorno imediato logo que cesse o risco.

§ 6º - São nulos e extintos, não produzindo efeitos jurídicos, os atos que tenham por objeto a ocupação, o domínio e a posse das terras a que se refere este artigo, ou a exploração das riquezas naturais do solo, dos rios e dos lagos nelas existentes, ressalvado relevante interesse público da União, segundo o que dispuser lei complementar, não gerando a nulidade e a extinção direito a indenização ou a ações contra a União, salvo, na forma da lei, quanto às benfeitorias derivadas da ocupação de boa fé.

§ 7º - Não se aplica às terras indígenas o disposto no art. 245, § 4º e § 5º.

Art. 318. Os índios, suas comunidades e organizações são partes legítimas para ingressar em juízo em defesa de seus direitos e interesses, intervindo o Ministério Público em todos os atos do processo.

TÍTULO IX - DAS DISPOSIÇÕES CONSTITUCIONAIS GERAIS

Art. 319. É proibido à União, direta ou indiretamente, assumir, em decorrência da criação de Estado, encargos referentes a despesas com pessoal inativo e com encargos e amortizações da dívida interna ou externa da administração pública, inclusive da indireta.

Art. 320. Nos dez primeiros anos da criação de Estado, serão observadas as seguintes normas básicas:

I - O número de Deputados à Assembleia Legislativa corresponderá a 9 (nove), acrescido de um representante para cada 2.000.000 (dois milhões) de habitantes.;

II - o Governo terá no máximo 10 (dez) Secretarias;

III - o Tribunal de Contas terá 3 (três) membros, nomeados, pelo Governador eleito, dentre brasileiros de comprovada idoneidade e notório saber;

IV - o Tribunal de Justiça terá 7 (sete) Desembargadores;

V - os primeiros Desembargadores serão nomeados pelo Governador eleito, escolhidos da seguinte forma:

a) 5 (cinco) dentre os magistrados com mais de 35 (trinta e cinco) anos de idade, em exercício na área do novo Estado ou do Estado originário;

b) 2 (dois) dentre promotores, nas mesmas condições, e advogados de comprovada idoneidade e saber jurídico, com 10 (dez) anos, no mínimo, de exercício profissional, obedecido o procedimento fixado na Constituição;

VI - no caso de Estado proveniente de Território Federal, os 5 (cinco) primeiros Desembargadores poderão ser escolhidos dentre juízes de direito de qualquer parte do País;

VII - em cada Comarca, o 1º (primeiro) Juiz de Direito, o primeiro Promotor de Justiça e o primeiro Defensor Público serão nomeados pelo Governador eleito após concurso público de provas e títulos;

VIII - até a promulgação da Constituição Estadual, responderão pela Procuradoria-Geral, pela Advocacia-Geral e pela Defensoria-Geral do Estado advogados de notório saber, com 35 (trinta e cinco) anos de idade, no mínimo, nomeados pelo Governador eleito e demissíveis "ad nutum";

IX - se o novo Estado for resultado de transformação de Território Federal, a transferência de encargos financeiros da União para pagamento dos servidores optantes que pertenciam à Administração Federal ocorrerá da seguinte forma:

a) no 6º (sexto) ano de instalação, o Estado assumirá 20% (vinte por cento) dos encargos financeiros para fazer face ao pagamento dos servidores públicos, ficando ainda o restante sob a responsabilidade da União;

b) no 7º (sétimo) ano, os encargos do Estado serão acrescidos de 30% (trinta por cento) e, no 8º (oitavo), dos restantes 50% (cinquenta por cento);

X - as nomeações que se seguirem às primeiras, para os cargos mencionados neste artigo, serão disciplinadas na Constituição Estadual;

Art. 321. Os serviços notariais e de registro são exercidos em caráter privado, por delegação do Poder Público.

§ 1º - Lei regulará as atividades, disciplinará a responsabilidade civil e criminal dos notários, dos oficiais de registro e de seus prepostos, e definirá a fiscalização de seus atos pelo Poder Judiciário.

§ 2º - Lei federal estabelecerá normas gerais para fixação de emolumentos relativos aos atos praticados pelos serviços notariais e de registro.

§ 3º - O ingresso na atividade notarial e de registro depende de concurso público de provas e títulos, não se permitindo que qualquer serventia fique vaga, sem abertura de concurso de provimento ou de remoção, por mais de seis meses.

Art. 322. A fiscalização e o controle sobre o comércio exterior, essenciais à defesa dos interesses fazendários nacionais, serão exercidos pelo Ministério da Economia.

Art. 323. A lei ordenará a venda e revenda de combustíveis de petróleo, álcool carburante e outros combustíveis derivados de matérias-primas renováveis, respeitados os princípios desta Constituição.

Art. 324. A arrecadação decorrente das contribuições para o Programa de Integração Social e para o Programa de Formação do Patrimônio do Servidor Público financia o programa do seguro-desemprego e o abono de que trata o § 3º deste artigo.

§ 1º - Dos recursos mencionados no "caput" deste artigo, pelo menos 40% (quarenta por cento) serão destinados a financiar programas de desenvolvimento econômico, através do Banco Nacional de Desenvolvimento Econômico e Social, com critérios de remuneração que lhes preservem o valor.

§ 2° - Os patrimônios acumulados do Programa de Integração Social e do Programa de Formação do Patrimônio do Servidor Público são preservados, mantendo-se os critérios de saque nas situações previstas nas leis específicas, com exceção da retirada por motivo de casamento, ficando proibida a distribuição da arrecadação de que trata o "caput" deste artigo, para depósito nas contas individuais dos participantes.

§ 3° - Aos empregados que percebam de cooperativas e empregadores que contribuem para o Programa de Integração Social ou para o Programa de Formação do Patrimônio do Servidor Público, até 2 (dois) salários mínimos de remuneração mensal, é assegurado o pagamento de 1 (um) salário mínimo anual.

§ 4° - O financiamento do seguro-desemprego receberá uma contribuição adicional da cooperativa cujo índice de rotatividade da força de trabalho superar o índice médio da rotatividade do setor, na forma estabelecida por lei.

Art. 325. Ficam ressalvadas do disposto no art. 269 as atuais contribuições compulsórias das cooperativas sobre a folha de salários, destinadas às entidades privadas de serviço social e de formação profissional vinculadas ao sistema sindical.

Art. 326. A União, os Estados, o Distrito Federal e os Municípios disciplinarão por meio de lei os consórcios públicos e os convênios de cooperação entre os entes federados, autorizando a gestão associada de serviços públicos, bem como a transferência total ou parcial de encargos, serviços, pessoal e bens essenciais à continuidade dos serviços transferidos.

Art. 327. As propriedades rurais e urbanas de qualquer região do País onde forem localizadas culturas ilegais de plantas psicotrópicas ou a exploração de trabalho escravo na forma da lei serão expropriadas e destinadas à reforma agrária e a programas de habitação popular, sem qualquer indenização ao proprietário e sem prejuízo de outras sanções previstas em lei, observado, no que couber, o disposto no art. 5º.

Parágrafo único. Todo e qualquer bem de valor econômico apreendido em decorrência do tráfico de entorpecentes e drogas afins e da exploração de trabalho escravo será confiscado e reverterá a fundo especial com destinação específica, na forma da lei.

Art. 328. A lei disporá sobre a adaptação dos logradouros, dos edifícios de uso público e dos veículos de transporte coletivo atualmente existentes a fim de garantir acesso adequado às pessoas portadoras de deficiência, conforme o disposto no art. 312, § 2º.

Art. 329. A lei disporá sobre as hipóteses e condições em que o Poder Público dará assistência aos herdeiros e dependentes carentes de pessoas vitimadas por crime doloso, sem prejuízo da responsabilidade civil do autor do ilícito.

Art. 330. Os órgãos públicos que optarem pela presença de símbolos religiosos em suas dependências adotarão modelo padronizado nacional, que conterá o símbolo das 4 (quatro) maiores religiões nacionais, observando-se o número de fiéis.

Art. 331. As leis previstas no inciso III do § 1º do art. 55 estabelecerão critérios e garantias especiais para a perda do cargo pelo servidor público estável que, em decorrência das atribuições de seu cargo efetivo, desenvolva atividades exclusivas de Estado.

Parágrafo único. Na hipótese de insuficiência de desempenho, a perda do cargo somente ocorrerá mediante processo administrativo em que lhe sejam assegurados o contraditório e a ampla defesa.

Art. 332. Os benefícios pagos, a qualquer título, pela previdência social, ainda que à conta do Tesouro Nacional, observarão os limites fixados no art. 51, XVI.

Art. 333. Com o objetivo de assegurar recursos para o pagamento de proventos de aposentadoria e pensões concedidas aos respectivos servidores e seus dependentes, em adição aos recursos dos respectivos tesouros, a União, os Estados, o Distrito Federal e os Municípios poderão constituir fundos integrados pelos recursos provenientes de contribuições e por bens, direitos e ativos de qualquer natureza, mediante lei que disporá sobre a natureza e administração desses fundos.

Art. 334. Com o objetivo de assegurar recursos para o pagamento dos benefícios concedidos pelo regime geral de previdência social, em adição aos recursos de sua arrecadação, a União poderá constituir fundo integrado por bens, direitos e ativos de qualquer natureza, mediante lei que disporá sobre a natureza e administração desse fundo.

REFERÊNCIAS BIBLIOGRÁFICAS

LIVROS

BAKUNIN, Michael. A. Bakunin. trad. Zilá Bernd. Porto Alegre: L&PM, 2002.

BAPTISTA, Ana. M. H; NOBREGA, Maria. L. S; TODARO, Mônica. (Orgs) Metodologias de Ensino: Entre a Reflexão e a Pesquisa. 1. ed. Jundiaí: Paco Editorial, 2014. (Pedagogia de A a Z; vol.10). Livro Kindle.

BOBBIO, Norberto. O Positivismo Jurídico: Lições de Filosofia do Direito. São Paulo: Ícone, 1995.

BOBBIO, Norberto. Teoria Geral da Política: a filosofia política e as lições dos clássicos. Rio de Janeiro: Elsevier, 2000.

CANOTILHO, José. G. et al. Comentários à Constituição do Brasil. São Paulo: Saraiva/Almedina, 2013. Livro Kobo.

CATANHÊDE, Eliane. O PFL. São Paulo: Publifolha, 2001.

Constituição da República Federativa do Brasil: 1988. 26. ed. Brasília: Câmara dos Deputados, Coordenação da Publicações, 2006.

Constitution of the People's Republic of China. Beijing: Foreign Languages Press, 1999.

CRYAN, Dan; SHATIL, Sharron. Capitalism: A Graphic Guide. Malta: Guttenberg Press, 2009.

ESTULIN, Daniel. The Bilderberg Group. EUA: Dreamscape Media, 2011. Áudio Livro.

FERRO, Marc. A Revolução Russa de 1917. 2. ed. São Paulo: Editora Perspectiva S.A., 1988.

ITSUKI, Hiroyuki. Tariki: Aceitando o Desespero e Descobrindo a Paz. trad. Eduardo Francisco Alves. Rio de Janeiro: Bertrand Brasil, 2004.

KÜNG, Hans. Religiões do Mundo: Em Busca de Pontos Comuns. São Paulo: Verus, 2004.

MAIA, Marrielle. Tribunal Penal Internacional: Aspectos Institucionais, Jurisdição e Princípio da Complementariedade. Belo Horizonte : Del Rey, 2001.

MAQUIAVEL, Nicolau. O Príncipe. Brasil: Pubon eBooks, 2013. Livro Kobo.

MARKUN, Paulo. 1961: Que as Armas Não Falem. São Paulo: Editora SENAC, 2001.

MARX, Karl. Manifesto do Partido Comunista. trad. Suely Tomazzini Barros Cassal. Porto Alegre: L&PM, 2001.

MARX, Karl. O Capital: Crítica da Economia Política. 18. ed. Rio de Janeiro: Civilização Brasileira, 2002.

MCGEE, William. J. Attention All Passangers: The Airlines Dangerous Descent – And How To Reclaim Our Skies. EUA: HarperCollins Publishers, 2012. Áudio Livro.

MCGONIGAL, Jane. Reality Is Broken: Why Games Make Us Better and How They Can Change the World. EUA: Brilliance Audio, 2011. Áudio Livro.

MORE, Thomas. A Utopia. São Paulo: Matin Claret, 2005.

NAMORADO, Rui. O Essencial Sobre Cooperativas. Portugal: Imprensa Nacional-Casa da Moeda, 2013. Livro Kindle.

PAULSEN, Leandro. Curso de Direito Tributário Completo. 6. ed. Porto Alegre: Livraria do Advogado, 2014. Livro Kindle.

PRIESTLAND, David. The Red Flag: A History of Communism. EUA: Audible Studios, 2015. Áudio Livro.

PROUDHON, Pierre Joseph. A Propriedade é um Roubo. Porto Alegre: 2001.

ROCHA, Cesar. A. Cartas a um Jovem juiz: Cada Processo Hospeda Uma Vida. Rio de Janeiro: Elsevier, 2012. Livro Kobo.

SABBAG, Eduardo. Direito Tributário I. São Paulo: Saraiva, 2012. (Saberes do Direito, v. 42). Livro Kobo.

SADEK, Maria. T. Relatório Reforma do Judiciário. Rio de Janeiro: Centro Edelstein de Pesquisas Sociais, 2010. Livro Kindle.

The Word of Promise Complete Audio Bible: NKJV. EUA: Thomas Nelson, Inc., 2009. Áudio Livro.

WEBB, L. Dean; METHA, Arlene; FORBIS, K. Vango Notes for Fundations of American Education. 5. ed. EUA: Pearson Education Inc, 2006. Áudio Livro.

DOCUMENTOS DIGITAIS

AVELINO, Pauderney. et al. PROPOSTA DE EMENDA À CONSTITUIÇÃO No , DE 2014. Disponível em: <http://www.camara.gov.br/proposicoesWeb/prop_mostrarintegra;jsessioni d=7AD80EDE1DC23A2BFA49E2911C84123D.proposicoesWeb2?codteo r=1255119&filename=PEC+405/2014>. Acesso em: 28 de maio de 2016.

BARBOSA, Denis. B. A noção jurídica de "empresa brasileira" após as Emendas Constitucionais de 1995. Disponível em: <http://denisbarbosa.addr.com/arquivos/200/constitucional/20.doc>. Acesso em: 28 de maio de 2016.

Decreto n°8162. Disponível em: <http://www.planalto.gov.br/ccivil_03/_Ato2011-2014/2013/Decreto/D8162.htm>. Acesso em: 28 de maio de 2016.

DIPLOMATIZZANDO – Paulo Roberto de Almeida. Pensando no novo governo - Carlos Pio e Paulo Roberto de Almeida. Disponível em: <http://diplomatizzando.blogspot.com.br/2014/09/pensando-no-novo-governo-carlos-pio-e.html>. Acesso em: 17 de agosto de 2017.

Ensino Fundamental 1 | 1º ao 5º ano | NOIVA ESCOLA - Disponível em: <http://revistaescola.abril.com.br/fundamental-1/>. Acesso em: 28 de maio de 2016.

Ensino Fundamental 2 | 6º ao 9º ano | NOIVA ESCOLA - Disponível em: <http://revistaescola.abril.com.br/fundamental-2/>. Acesso em: 28 de maio de 2016.

Escola Leonardo Da Vinci – DF Ensino Fundamental, Ensino Médio Colégio Particular Brasília. Disponível em: <http://www.leonardoonline.com.br/>. Acesso em: 28 de maio de 2016.

KARKACHE, Sérgio. Como Interpretar o Artigo 151, Inciso II Da Constituição FEDERAL? Disponível em: <http://www.aprovaexamedeordem.com.br/2014/01/como-interpretar-o-artigo-151-inciso-ii-da-constituicao-federal/>. Acesso em: 28 de maio de 2016.

L10683. Disponível em: <http://www.planalto.gov.br/ccivil_03/LEIS/2003/L10.683compilado.htm>. Acesso em: 28 de maio de 2016.

Lei Nº 5.764 DE 16.12.1971. Lei das Cooperativas. Disponível em: <http://www.normaslegais.com.br/legislacao/lei5764.htm>. Acesso em: 28 de maio de 2016.

LENZA, Pedro. O Magistrado que descumpre súmula vinculante pode ser responsabilizado? – Colunas ? Carta Forense. Disponível em: <http://cartaforense.com.br/conteudo/colunas/o-magistrado-que-descumpre-sumula-vinculante-pode-ser-responsabilizado/11716>. Acesso em: 28 de maio de 2016.

MACIAL, Alderlândia da S. INDISSOCIABILIDADE ENTRE ENSINO, PESQUISA E EXTENSÃO: PERCURSOS DE UM PRINCÍPIO CONSTITUCIONAL. Disponível em: <http://www.anped11.uerj.br/Indissociabilidade.pdf>. Acesso em: 28 de maio de 2016.

NASCIMENTO, Edson. R. A Lei de Responsabilidade Fiscal e a Polêmica das Despesas com Pessoal (texto atualizado). Disponível em:

http://www.bndes.gov.br/SiteBNDES/export/sites/default/bndes_pt/Galeria s/ Arquivos/bf_bancos/e0001950.pdf >. Acesso em: 28 de maio de 2016.

O GLOBO. Argentina aprova lei que extingue vestibular – Jornal O Globo. Disponível em: < http://oglobo.globo.com/sociedade/educacao/argentina-aprova-lei-que-extingue-vestibular-17924453>. Acesso em: 28 de maio de 2016.

PEC 333/2013. Disponível em: <http://www.camara.gov.br/proposicoesWeb/ prop_mostrarintegra?codteor=1166591&filename=PEC+333/2013> . Acesso em: 28 de maio de 2016.

PEDROSO JÚNIOR, Alex. F. Sobre a concessão e permissão de serviços público – Artigo Jurídico - DireitoNet. Disponível em: <http://www.direitonet.com.br/artigos/exibir/2658/Sobre-a-concessao-e-permissao-de-servicos-publicos>. Acesso em: 28 de maio de 2016.

PROJETO DE LEI DO SENADO nº 320, de 2008. Disponível em: < http://www25.senado.leg.br/web/atividade/materias/-/materia/87084>. Acesso em: 28 de maio de 2016.

www.ingramcontent.com/pod-product-compliance
Lightning Source LLC
Chambersburg PA
CBHW030425290526
45786CB00001B/149